安田 登

すごい論語

ミシマ社

すごい論語

安田　登

プロローグ

「つまらない」のになぜ続いているのか

私の職業は能楽師です。

さて、能と『論語』には共通点があります。

ひとつは長い期間、「ずっと続いている」ということです。伝統があるのです。

『論語』は、孔子（紀元前五五二‐紀元前四七九、異説あり）とその高弟たちの言行《げんこう》を、その死後に弟子たちがまとめた書物です。書物として成立したのは孔子が亡くなったおよそ四百年後と考えられていますから、孔子が生きた時代から数えると二千五百年、文献としてまとめられた時期から数えても二千年の時を超えて、読み継がれ、人々に語り継がれています。

一方、能のほうは、世阿弥《ぜあみ》（一三六三‐一四四三、異説あり）が生まれておよそ六百五十年。世阿弥のお父さんである観阿弥《かんあみ》のころから上演されていますから、こちらは六百五十年以上、なんと一度も途切れずに演じ続けられています。

ともにとても長い期間、続いているのですが、それだけではありません。もうひとつの共通点は、両方とも「つまらない（と思われている）」ということです。

……なんていうと怒る人もいますが、しかし少なくとも多くの人からそう思われていることは事実でしょう。

でも、じつはこれが大事なのです。

「つまらない（と思われている）」のに、なぜこんなに長く続いているのか。

それには深い理由と、そして意味があると思うのです。

私が能を始めたのは二十代も後半になってからで、それまでは「あんな辛気臭《しんきくさ》いもの誰が観るか」と思っていました。また、『論語』だって、やれ徳を大事にしろだとか、やれ聖人君子たれだとか、「時代錯誤の理想高き堅い道徳書」と、敬して遠ざけていました。

ところがひょんなことから能を職業にすることになり、本気になって始めてみると、これが深い深い。しかも、深いだけではない。始める前に抱いていたような辛気臭さも、古臭さもない。六百五十年以上も前のものですから、古いことは古い。しかし、新しいとか古いとか、そういうところを超克《ちょうこく》した永続的な時間性のようなものが能の中にはあるのです。だからこそ能はいつの時代においても（むろん現代でも）その生命力と命脈とを保っているのではないかと気づいたのです。

聞一多が孔子の時代の文字で書いた『論語』（出典：『聞一多全集』）

ならば『論語』にもそれがあるんじゃないか。それがわからないのは自分の読みの問題なのではないか、そう思って、もう一度『論語』に向かってみることにしました。

『論語』を孔子の時代の文字で書き直す

さて、そう思った途端に出会ったのが聞一多《ぶんいった》（一八九九－一九四六）の書です。

聞一多は中国の詩人であり古典学者です。しかし、それにとどまらず、自身の研究をもとに古代の劇を復活上演するための台本を書く劇作家でもあります。また画家やイラストレーターでもあり、書家でもあり、そしてその最期は国民党の特務機関に暗殺されるほどの活動家でもありました。

私は聞一多が好きで、よく読んでいたのですが、ちょうど『論語』を読み直そうと思ったときに入手した新版の聞一多全集の中で見た書のひとつが、『論語』を孔子の時代（周の春秋時代）の文字で書いたものでした。

これは衝撃でした。

「おお！　たしかに孔子の言行は、孔子の時代の文字で書くべきでは」

そう思って、『論語』を孔子の時代の文字で書き直すという作業をしてみました。

孔子の時代の文字というのは「金文《きんぶん》」と呼ばれる青銅器に鋳《い》込まれた文字です。『論語』の本文を、孔子の時代やそれ以前に鋳造された青銅器の銘文《めいぶん》で使われている文字、あるいはその前の時代である殷《いん》（日本ではこう呼ばれることが多いが、世界的には「商」と呼ばれることが多い）の時代の「甲骨文字（亀の甲羅や動物の骨に刻まれた文字）」で書き直してみたのです。

すると『論語』は、それまでのそれとはまったく違った姿を現し始めました。

まず気がついたのが、『論語』がきわめて身体的な書物だったということです。『論語』には、身体の一部あるいは全部を表す漢字が多く含まれています。

たとえば『論語』の巻頭の文字は「学」です。

現代の「学」の字を見ても、これが身体的な文字であるということには気づきません。そこで、この字を古代の文字で見てみましょう。

すると上にある二つの「」が「手」であり、下の「」が「子どもの姿形」の象形であることが見えてきます。「学」の字の中には「手」と「子どもの姿形」という、二種類（三つ）の身体が含まれています。

ちなみに現代の文字で書かれた『論語』に出てくる一五〇〇種類ほどの漢字の中で、身体の一部あるいは全部が含まれている漢字は七五〇種類ほどあります。つまり、『論語』という書物は、半分ほどが身体にまつわる文字で書かれているわけです。

孔子は「四十にして惑わず」とは言わなかった

もうひとつ気づいたのは、現代に流布《るふ》している『論語』の本文の中には、孔子の時代にはまだ存在していなかった文字が多く使われているということです。

書物としての『論語』が成立したのは孔子が亡くなってから四百年もの年月が経ってからです。その間は口承によって代々語り継がれてきたと思われますが、口承は時代の流れの中で無意識のうちに変化してしまうことは、能の伝承でも明らかです。

この、孔子の時代にはなかった『論語』の文字を、孔子の時代以前の文字に戻して読んでみると、『論語』の内容が全然違うものになるのです。

たとえば『論語』の中でもっとも有名な言葉である「四十にして惑わず」（為政篇四）の「不惑」。この語でいえば「惑」という字が孔子の時代にはありませんでした。「惑」という漢字がないということは、少なくとも孔子は「惑わず（不惑）」とは言わなかったということになります。

これってびっくりでしょ。「不惑」の中の「惑」がなかったら、文全体が全然違う意味になってしまいます。じゃあ、孔子は何と言ったのか。それを考えるときには（単純化していうと）、
（1）字形が似ていて（偏などを取ってみる）
（2）しかも古代音が類似しているもの
を探します。

と、見つかるのが「惑」の下の「心」を取った「或」の字です。当時の文字ではこんな形になります。

現代では「或《ある》いは」という意味で使われている「或」ですが、この「或」に「土」をつけると、地域の「域」になります。また、「口」で囲むと「國（国）」になる。ともに「区切られた区域」を表します。

地域を表すのが左側の「口」、城郭で囲まれた土地です。右側の「戈」は棒に武器をつけた形で「ほこ」です。子どものころ地面に棒で線を引いて「ここからこっちは俺の陣地、入るな」とかやったでしょ。あのイメージです。棒の代わりに武器である戈《ほこ》を使っています。

すなわち「或」とは、境界線を引くことによって、ある場所を区切ることをいいます。分けること、限定することです。となると「不惑＝不或」とは、「自分を限定してはいけない」という意味になります。

人は四十歳くらいになると「自分はこんな人間だ」と限定しがちになる。「自分ができるのはこのくらいだ」とか「自分はこんな性格だから仕方ない」とか「自分の人生はこんなもんだ」とか。

「不惑」とは、四十歳くらいは「そういう心の状態になるので気をつけなさい」「四十歳こそ自分の可能性を広げる年齢だ」という意味になるのです。

ね。現代、私たちがイメージする「四十にして惑わず」の「不惑」とはずいぶん違う意味になるでしょ。

じつは、能を大成した世阿弥も同じようなことをいっています。

「初心忘るべからず」です。

初心の「初」は「衣」偏に「刀」。着物を作るためには布地に刀を入れなければならない。それを表すのがこの漢字です。きれいな布地にわざわざハサミを入れるのは、ちょっと怖い。でも、それをしなければ着物はできない。だから勇気をもってバッサリいく。そのような心で、古い自分をバッサリ裁ち切り、新たな自分を見つけていく、それが「初心」なのです。

過去の自分を切り捨てるって怖いですよね。

それでも若いころはまだいい。年を取れば取るほど、いまの自分を捨てることや、過去の栄光を切り捨てることが、より怖くなります。それが本当に怖くなり始めるのは当時でいえば四十歳、いまならば五十歳〜六十歳くらいでしょう。だから四十が「不惑（或）」なのです。

このように孔子の時代の漢字で読むと、全然違う意味になる章が『論語』の中にはいくつもあります。本書でも『論語』の本文は、必要なときには孔子の時代の文字に直したものも紹介しようと思います。

社会資源としての『論語』

さて、『論語』や能のように長く人々に受け継がれているものは、ある種の「社会的資源」といってもいいのではないでしょうか。

「資源」というのは「さまざまなものに利用しうる有用物」のこと、その代表としては、現代の文明を支える石油資源を挙げることができるでしょう。石油はガソリンや軽油として加工されれば自動車などの動力源になり、灯油として加工されれば冬場の寒さをしのぐ熱源にもなります。火力発電の燃料としても使われていますし、プラスチックや化学繊維の原料にもなります。

『論語』も石油と同じように、さまざまな分野に応用することができます。

ある人がある問いをもって『論語』と向き合うと、『論語』はふさわしい答えを返してくれます。

音楽家が問いを投げ込めば音楽の答えが、スポーツ選手が問いを投げ込めばスポーツの答えが、政治家が問いを投げ込めば政治の答えが、『論語』のほうから返ってきます。

なぜ『論語』が、それほど多彩な引き出しを備えているのか。そのひとつの理由は『論語』の主人公たる孔子が、類《たぐい》まれな多芸多才な人だったからです。本人は、「自分は若いころ、賤《いや》しかったから多芸なんだ」（子罕篇六）と言っていますが、一般的には本職と見なされている政治や思想のほかにも、詩をたしなみ、舞を舞い、音楽を奏《かな》で、さらには料理についてまでも深い造詣《ぞうけい》がありました。

それならば、実際にさまざまな分野の第一線で活躍されている方々に『論語』を投げかけてみたら、さぞかしすごい化学反応が起きたり、発酵が起きたりするのではないだろうかという興味で始めたのが本対談です。実際には多くの方と『論語』について語り合いましたが、紙幅の都合で本書には三名の方にご登場いただきました。

最初は、いとうせいこうさんです。せいこうさんは孔子や聞一多と同じくマルチな方。『論語』と「樂（音楽）」の方面からお話を始めましたが、話はあっちに飛んだり、こっちに飛んだり、マルチ人間、いとうせいこうさんの面目躍如《めんもくやくじょ》。以降の対談に出てくるキーワードのほとんどすべてが提示され、本書の地ならしをしていただきました。

次にご登場いただくのは釈徹宗《しゃくてっしゅう》先生。釈先生は浄土真宗（本願寺派）のお坊さんであり、大学では宗教学の先生。もちろん宗教の方面からの『論語』へのアプローチですが、話題は『論語』の中の宗教性にとどまらず、日本や世界の宗教観、そして儀礼や衣食住の問題にまで及び、終わってみれば深い人間論をお話しされていました。

そして最後はドミニク・チェンさん。ドミニクさんもどのような方かの説明が難しい。情報学研究者として大学で教えてもいらっしゃるのですが、なんと起業家でもあるし、アーティストでもある。今回は、世界がガラッと変わってしまうかもといわれているシンギュラリティから『論語』にアプローチをしていただいたのですが、「仁」のもつすごい意味に気づかされてしまいました。

いやはやびっくり。想像以上の対談になり、みなさまのすごさに脱帽なのですが、それもこれも『論語』そのもののもっているすごさが引き起こしたこと。『論語』って、本当にすごい！　と再認識しました。

そこで本書のタイトルが『すごい論語』になったのですが、漢文を扱っていながら貧弱な語彙《ごい》だと笑わないでください。純粋な感動には単純な言葉しかぴったりしないのです。

さて、ひとつお断りを。

本書で『論語』について語っている方たちは、私も含めて『論語』の専門家でも研究者でもありません。頭で考えたことではなく、自身の体験に根差した話をしています。あるときは『論語』そのものにすらとらわれず、その章句から得たインスピレーションで勝手気まま、自由闊達《かったつ》、天衣無縫《てんいむほう》に話をしています。むろん、注釈の歴史も先行研究も踏まえていません。ぶっちゃけていえば勝手なことをしゃべっています。

マジメな方は怒ってしまうかもしれません。でも、それがいいのです。

渋沢栄一翁に『論語と算盤』という本があります。この本も、厳密な意味では先行研究を踏まえた本ではありません。しかし、多くの影響を後世に与えています。『論語と算盤』の読者は、『論語』を研究しようと思って読んではいません。渋沢栄一翁の書かれたこと、あるいは発したひとことから、自身がインスピレーションや勇気をもらって、自分の人生の糧にしている。だからこそいまでも読まれ、影響を与え続けているのです。

それは、本と読者とのご縁があってはじめて生まれます。

本書も、どなたかのご縁につながって、そしてその方の人生の糧になっていただければ喜び、これにまさるものはありません。

なんといっても『論語』にはその力があるのですから。

目次

※本文中の『論語』の原文・読み下しの引用は、原則的に『論語』（金谷治訳注、岩波文庫）のもの、現代語訳は著者によるものです。

I

『論語』に「音楽」を投げてみる

対話　いとうせいこう

いとうせいこう
一九六一年生まれ。編集者を経て、作家、クリエイターとして、活字・映像・音楽・テレビ・舞台など、さまざまな分野で活躍。音楽においては、日本にヒップホップカルチャーを広く知らしめた。アフリカン・アメリカンのラップの模倣ではなく、日本語でのラップの表現を追求し、多くの表現者たちに影響を与えている。

1 「樂」はいまの音楽のもっとすごいやつ

孔子は演奏し、作曲もした

安田 ではさっそく始めましょう。いとうせいこうさんはラッパーでもあるので、今回は『論語』の中の「音楽」というテーマでお話をしたいと思っています。『論語』と「音楽」。まるで結びつかないと感じる人も多いかもしれませんが、じつは『論語』の中では、「音楽」はもっとも重要なもののひとつなのです。

いとう それ、僕も含めて多くの人にとって意外ですよね。

安田 『論語』を通読すると、孔子は音楽家としての側面が大きい、ということがわかります。自分で演奏もするし作曲もする、そして音楽収集家でもあるんです。

いとう 音楽の分野だけでも、マルチにいろいろ手掛けていたんですね。

安田 はい。『論語』における「音楽」の重要性を示すのが、次の一文です。

子曰、興於詩、立於禮、成於樂、（泰伯篇八）
子の曰《のたま》わく、詩に興こり、礼に立ち、楽に成る。

ここで「樂《がく》（楽）」とあるのが「音楽」のことです。正確には、いわゆる音楽とは違うのですが、それはあとでお話しすることにして、この章句は、孔子の学団に入った人が学ぶべき順番を語っています。

まず「詩」を学び、次に「禮《れい》（礼）」を学び、最後に「樂」を学ぶ。それによって人格が完成する、すなわち「成る」のだと、孔子は言います。それぐらい、「樂」は孔子にとってもっとも重要なものなんです。

いとう　いまの感覚だと、まず「樂」から始めて、次に言葉、つまり「詩」を学び、最後に人としての「禮」を学ぶと考えちゃうと思うんですけど、逆なんですね。

安田　そうなんです。で、この「樂」ですが、僕たちがいま考える音楽とはちょっと違っていて、まず「樂」にはだいたい「詩」が含まれます。

いとう　なるほど、歌詞がある。

安田　そうそう。そして舞も含まれる。

いとう　ダンスも入ってるんだ。

安田　さらに、それらには儀礼的要素もある。で、この儀礼というのが、これまた現代の儀礼とはちょっと違っていて、神霊や祖霊と交信したり、人が変容したりするためのものなんです。だからただの音楽というよりも、リヒャルト・ワーグナーの舞台神聖祝祭劇のような……。

いとう　決まった構造があって、それに従って歌を歌って舞を踊るというわけですね。

安田　そう、そう。そして神霊とも交信しちゃう。「樂」とはきわめて楽劇的なものなんです。

「樂」には人を死に至らしめるほどの力があった

安田　その「樂」がどう重要だったかを探る手がかりになるのが、先ほど紹介した「樂に成る」という表現です。

この「成る」という言葉は、完成の「成」であり、生成の「成」なんですが、もうひとつこの「成」には「誠」の意味もあります。孔子の時代はまだ「誠」という文字がなかったから、「誠」の意味でも「成」の字を使っています。

で、この「誠」というのも、僕たちが考える「まこと」とは全然違っていて、『中庸』(四書のひとつ)の後半部分で詳しく解説されていますが、そのことを話していくと何時間もかかってしまうので、新渡戸稲造《にとべいなぞう》が『武士道』(岩波文庫)の中で「誠」を説明しているものを紹介しますね。これはよくまとまっています。

孔子は『中庸』において誠を崇《たっと》び、これに超自然力を賦与《ふよ》してほとんど神と同視した。曰く、「誠は物の終始なり、誠ならざれば物なし」と。彼はさらに誠の博厚にして悠久たる性質、動かずして変化を作り、無為《むい》にして目的を達成する力について、滔々《とうとう》と述べている。(傍点は著者による)

ね、すごいでしょ。「誠」、すなわち「成」には「超自然力」があり、それは「神」と同視されるような存在で、しかも無為の力で変化を生み出し、目的を達成しちゃうんです。「誠(成)」は、その超自然力によって人を元気にさせたり、死に至《いた》らしめたり、雨を降らせたり、そういう力も備えています。「樂」も、おそらくその性質をもっていた。だから「樂に成(誠)る」という表現になるんです。

いとう それはつまり、「樂」には呪術としての力があった、ということなんでしょうか？　天気を変えたり、人を死に至らしめたりっていうのはとんでもない力ですよね。

安田　はい。そして、それは同時に、人を元気にする力も備えていました。似たようなことはじつは現代でもあって、たとえば、ある人にとっては非常に心地よい音楽が、別のある人にとっては不快極まりない、ということがあるでしょ。チベットの知人が声明《しょうみょう》公演でニューヨークに行ったときは、観客に気持ち悪くなる人が続出して、「悪魔の和音」といわれたことがあるそうです。

いとう　日本人が聞くと、声明は気持ちいいですけどね。

倍音が聞き手の快・不快を分ける

安田　なぜ同じ音楽なのに、聞き手によってまったく違って聞こえるかというと、どうも「倍音」（＊）がキーなのではないかと思うんです。

声明は倍音を多く含みますよね。その中に西洋音楽ではふだんは出さないような倍音が含まれていて、それを西洋人が、というか西洋音楽に慣れ親しんだ人が聞くと、不快に感じてしまうようです。日本人でも、西洋音楽の教育しか受けていない人には、気持ち悪く聞こえるのかもしれません。

＊倍音：音の実体は空気を振動させる波で、音の高さは、単位時間あたりの振動数で決まる。この振動数のことを「周波数」といい、周波数の高い（振動数の多い）音ほど高く聞こえ、周波数の低い（振動数の少ない）音ほど低く聞こえる性質がある。「倍音」とは、もとになる音の整数倍の周波数をもつ音のことを指す。西洋音楽（西洋の楽器）と東洋音楽（東洋の楽器）とでは、倍音の出方が異なることが知られている。

いとう　なるほど、「樂」は呪術というのも、すごく具体的なことなんですね。西洋の教会建築は、声の倍音が上で鳴るようにタテに長くなっていますが、日本の場合は、能舞台もそうでしょうけど、床で音をどう鳴らすかみたいなところがありますよね。そういう文化によって慣れ親しんだ音の違いが、快・不快を分けているということなんですね。

話がちょっとそれますけど、僕は音楽の何が気持ちいいかって、倍音なんです。倍音をいい感じで出してくれるミュージシャンが大好きで、だからこそ、音楽は生《なま》で聞く必要があると思っています。ヘッドホンでは倍音はほとんど鳴らないし。それを体感しに、クラブやライブ会場に行っているようなものです。空気全体がブーンって振動しているのを感じるのがやっぱり気持ちいいというか。

安田　すごくよくわかりますね。

いとう　でも、人によってその感じ方はずいぶん違うし、倍音を出すのが得意なミュージシャンって、属性がけっこうはっきり分かれるんです。倍音をぶんぶん鳴らしてるのはジャマイカ人とかが多くて、白人でそういう音を出す人はあんまりいないというか。そもそも、音楽の聞き方自体も違うかもしれないですよね。

僕が好きなタイプの音楽は、耳で聞くというよりも、空気の振動を体で感じて、体がブーンって震えるのを気持ちよく感じている気がします。そういう違いを実感しているから、さっきの「樂」の説明、聞く人によって快・不快が分かれるというのはすごくよくわかります。

安田　音楽を耳で聞くっていうこと自体、かなり新しいことのような気がします。とくに能の謡《うたい》や声明なんていうのは、体で聞くものだと思います。

いとう　そういえば、ミュージシャンの細野晴臣《はるおみ》さんが、小さいころ体の調子が悪くなるとスピーカーの上に乗って、ベースの低音のブーンっていう振動で治ると思ってたっていう話を思い出しました。やっぱりすごい人ですよね。本人もなんでそう思ったかは覚えてないって言ってましたけど。

きっと、音楽の本質は振動なんだってことですよね。詳しいことはわかりませんが、最先端の物理学では、素粒子は常に振動しているとかいいますし。宇宙そのものがバイブレーションで成り立っていると考えれば、音楽も振動を感じるのが本来の姿なのかもしれませんね。って、脱線すいません。話を戻しましょうか。

安田　いえいえ、宮沢賢治の『セロ弾きのゴーシュ』もそうですね。

孔子は「樂」の復興をめざしていた

安田　「樂」がもっていたのは、そんな音楽の力のもっとすごいやつじゃなかったかと思うのです。

いとう　要するに呪術だと。孔子が「樂」を重視したということは、そういう呪術の力を何かに活かそうとした、ということなんですか？

安田　ええ。ただ、孔子の時代にはもうすでに「樂」の呪術的な力は失われてしまっていて、孔子はその復興をめざしていたんじゃないか、と思うのです。

いとう　そうなんだ。じゃあ、いつの時代まで、「樂」には呪術的な力があったんですか？

安田　「樂」の呪術的な力が最大だったのは「殷《いん》」王朝の時代だったんじゃないでしょうか。ただ、楽器が多く出土するのは、その後の「周」の時代のものなのですが。

いとう　この辺で、ちょっと時代背景を整理させてもらっていいですか。孔子はそもそも、いつの時代の人なんでしたっけ？

安田　孔子が生まれたのは紀元前五五二年、亡くなったのが紀元前四七九年（異説あり）、中国の時代区分でいえば「春秋時代（紀元前七七〇～紀元前四〇三）」の終わりごろの人です。「殷」王朝（紀元前十七世紀ごろ～紀元前一〇四六）のあとに「周」王朝ができました。しかし、その「周」の秩序が弱体化して国が分裂した時期が「春秋時代」です。ですから、孔子が生きていた時代の五百年ぐらい前までは、「樂」に呪術的な力があったのではないかと思います。

いとう　そのときと孔子が生きていた時代との間に、いったい何があったんですか？　なんで「樂」から呪術の力が失われてしまったんでしょうか？

安田　ね。「殷」王朝を滅《ほろ》ぼしたのは「周」王朝なわけですが、おそらく「周」の時代というのは呪術的なものを排除しようとする時代だったのではないでしょうか。

いとう　安田さんお得意の「漢字」の誕生はどの時代になるんでしたっけ？

安田　いま見つかっている最古の文字資料は「殷」王朝の後半、三千数百年前のものです。その文字というのは、亀の甲や動物の骨に刻まれた「甲骨文字」や、青銅器に鋳込まれた「金文」のことです。これらの古代文字は形こそ変化しますが、現代に伝わる「漢字」と同じ構造をしていて、その「甲骨文字」や「金文」が形を変えていまの「漢字」になりました。

その古代文字にも、「殷」から「周」の変わり目にとても大きな変化がありました。それが、「心」という文字の誕生です。それまでの古代文字には「心」という文字が一切見られませんが（殷代に「心」があったとする人もいる）、紀元前一〇〇〇年ごろを境に、「心」という字や「心」を部首とする字が古代文字にも見られるようになります。

いとう　「心」によって、呪術のような非合理なものを抑えこもうとした、ということなんでしょうか。

安田　抑えこもうとしたのか、あるいは自然に抑えこまれてしまったのか、「心」の発明、人間の「心」、つまり意志によって作り出された秩序が呪術を排斥《はいせき》するようになったのかは、よくわかりません。呪術のような非合理なものを排除して、「心」によって秩序立った社会を構築しようとしたのが「周」の時代、ということができるかもしれません。孔子も、むろんそのことはよしとしていて「詩に興り、禮に立ち、樂に成る」の「禮（礼）」はすなわち秩序のことなんですが、しかし「樂」の呪術もやっぱりすごい、それを使いこなすことができるのが理想的だと考えたのではないでしょうか。

「樂」を失うとき、国が滅ぶ

いとう　呪術としての「樂」の力って、具体的にはどんな話が伝わってるんですか？

安田　ひとつは、「樂」には国の盛衰を左右するほど強大な力があったことを示唆《しさ》する話があります。「殷」が「周」に滅ぼされる少し前、二人いた王子の一人が殺され、一人は発狂（佯狂《ようきょう》＝狂人や愚者のふりをすること、とも）しますが、それだけでは「殷」は滅亡に至りませんでした。

「周」の武王が「殷」を滅ぼそうと決めるのは、「殷」から楽師たちが亡命してきたことがきっかけでした。音楽を司《つかさど》る役人のような人たちが、楽器を持って「周」にやってきたときに、いまこそ「殷」を滅ぼすときだ、という展開になりました。つまり、「樂」を失うということは、国が滅ぶ前兆になる。そういう重要な意味をもっていたんです。

いとう　「樂」ってすごいですね。

安田　もうひとつは「樂」のもつ武器的な力です。「桑林《そうりん》の舞」の話が『春秋左氏伝』に載っています。『春秋左氏伝』というのは、孔子が編纂《へんさん》したと伝えられる歴史書『春秋』の注釈書のひとつですが、その中に載っている「桑林の舞」の話が不思議なんです。

時は襄公《じょうこう》一〇年（紀元前五六三年）ですから、孔子の生まれる少し前の話です。「宋」の国の王（宋公）が「晋《しん》」の国の王（晋侯）を饗応《きょうおう》したときのことです。

いとう　「宋」とか「晋」というのは？

安田　「宋」というのは「周」に滅ぼされた「殷」の末裔《まつえい》の国です。敗北者の国ですから、寓話《ぐうわ》の中では、いつもちょっと馬鹿にされています。それに対して「晋」は当時の中国でいちばん大きな国で、いわば小国の「宋」が、大国の王を招いて饗応するという構図になっています。そのとき宋公は「桑林の舞をお見せしましょう」と提案をしました。

そこで晋侯のいちばんの家臣の荀罃《じゅんおう》という人は、「絶対やめたほうがいい」と言って止めるのですが、これはじつはすごいことなのです。なかなかこういうことは言えません。

だって「桑林の舞」というのは、古代の中国人ならば誰でも知っていた、しかし誰も見たことがないという伝説の舞です。これは殷代にあった「樂」のひとつで、それを舞うとどんな干天《かんてん》の日でも必ず雨が降るといわれていた幻の舞です。

また、それだけじゃなく、包丁《ほうちょう》の語源で知られる伝説の料理人、「庖丁《ほうてい》」が牛をさばく姿はまるで「桑林の舞」のようであったという言い伝えがある（『荘子』）くらいに、その舞の名は、伝説として知られていました。

そのくらいの舞ですから、絶対見たいと思うでしょ。でも、どんな呪術が秘されているかわからない。だから、荀罃は止めたのです。

いとう　あれ、でも「樂」の呪術としての力は、「殷」の時代で失われてしまったんじゃなかったでしたっけ？

安田　そうなのです。たしかに、「殷」が滅んだときに「樂」は公の舞台から失われてしまうのですが、でも桑林の舞を伝承している「宋」という国は殷の末裔の人たちが封《ほう》ぜられた国ですから、どんな呪術が秘密裏に伝承されているかわからない。

それを畏《おそ》れて荀罃は止めるのですが、ほかの家臣は、「こんな珍しいものを見ることはできないから見たほうがいい」と主張します。当たり前ですね。結局見たほうがいいだろうということになったんです。

いとう　まあ、せっかくだしね。

安田　するとですね、舞を舞う楽師たちが旗を持ってやってきます。もうそれだけで晋侯は、「やばい！」と言って隣の部屋に逃げ込むんです。部屋にこもって、「旗をどけてくれ、もう桑林の舞は見ない」と言って、まあ桑林の舞なしの宴会にはなったのですが、でも、饗応が終わって帰るときに重い病気にかかってしまいます。で、これを占ってみると、「桑林の舞のせいだ」ということがわかったという話なのです。

いとう　旗だけで効いちゃったんだ。「桑林の舞」おそるべしですね。

安田　さっき声明とか倍音の話をしたでしょ。それのもっと強力なものが、この桑林の舞だったのではないかと思うんです。宋の人たちにはとても心地のいい音楽なんですが、晋の人たちにとっては、死をも招くほどの耐え難《がた》い何かがあったのではないかと。

いとう　なるほど、そういわれると、呪術としての「樂」というのが何となく想像つきますね。

まともすぎる人よりも「狂」のほうがいい!?

いとう　ここまでの話をざっと整理すると、「樂」はいまの音楽とはだいぶ意味合いが違っていて、「樂」というのは、無意識と意識の世界があるうちの、無意識の強大な力を汲《く》み出すためのもの、といえるんでしょうか。大雑把《おおざっぱ》すぎるまとめかもしれませんが。

安田　まさにそのとおりです。いってみれば、無意識の強大な力を抑えようとしたのが「禮」で、それを解放しようとしたのが「樂」です。いまでも音楽は程度の差こそあれ、無意識に働きかけていますよね。

いとう　たしかに現代でもそうですね。無意識を完全に解放したら人はおかしくなってしまいますけど、ものすごい力をもっているのは間違いない。だから能でも狂女《きょうじょ》ものとかがあるわけじゃないですか。狂った者はコントロールを失ってしまいがちですけど、そのすごさはみんな知っているわけですよね。

安田　そうです。孔子も、本当は中庸の人が一番いいと言っていますが、そのバランスがとれている人はなかなかいません。それならば、まともすぎる人よりも「狂」のほうがいいと言っています。

いとう　でも、孔子が「詩に興り、禮に立ち、樂に成る」と言ったように、無意識の力を習得して人格が完成するというのであれば、そこにはもうひとつ大きな志向性が必要になるんじゃないでしょうか。それがなければ、ただ狂って踊って楽しかったで終わるか、あるいは物事を破滅に向かわせるか、そうなってしまいます。そうだとすると、「樂」を操る術は相当深くて難しいものだと思います。

安田　おっしゃるとおりで、誰にでもできることではありません。

松の事は松に習へ、竹の事は竹に習へ

いとう　それと、「樂に成る」の「成る」は本来の字としては「誠」なんだという説明が先ほどありましたが、「誠」が新渡戸稲造のいうように「超自然力」なのだとすると、「樂」だけじゃなくて「誠」も、現代の意味合いとはだいぶ違うということですよね。

安田　そうです。「誠」の本来の字義に近いものとしては、たとえば松尾芭蕉の「風雅の誠」があります。「誠」は「成る」ですから、対象と一体化することを指します。芭蕉は

『三冊子《さんぞうし》』の中で、「松の事は松に習へ。竹の事は竹に習へ」という言葉を残しています。さらに、この「習へ」というのは「物に入《い》る」ことだといっています。松に入り、松と一体化して松の句を詠むということなんです。

孔子の「樂」の習得の仕方も、そのようであったということが『史記』の「孔子世家《せいか》」に書かれています。これは、孔子が「師襄子《しじょうし》」という名人から琴を学んだときの話です。他の人なら、もう十分というところまで弾けるようになっても、孔子はやめようとしない。師匠である師襄子は「次に行っていいよ（以て益《すす》むべし）」と言うのですが、孔子は「その数を得ず」と言って、なかなか先に行こうとしないんです。この「その数を得ず」というのがどういうことなのかは、よくはわからないのですが、「曲全体の流れがわからない」というような意味でしょうか。

で、やっと「その数」を得たのですが、それでも先に進もうとしない。師匠は先に進むように言うのですが、今度は「その志を得ざるなり」と孔子は言います。「志」というのは、この曲がどこに行こうとしているか、という意味です。やっと、「その志」を得た孔子ですが、今度は「その人と爲《な》りを得ざるなり」、すなわち「これを作った人（作曲家）がまだ見えない」と言います。

が、しばらくすると孔子の顔つきも、その様子も変わってくる。そして「この曲を作ったのは周王朝を立ち上げた『文王』にちがいない」と言うと、それを聞いた師襄子も驚いて孔子に席を譲って、孔子を拝しながら「私も、自分の師匠からそう伝え聞いている」と言うんです。

いとう　参った。あなたのほうがすごい、ということになっちゃったわけですね。

安田　そう。しかも、これがただ頭でわかったのではない。孔子は、周の文王その人に変容してしまったわけです。ベートーヴェンを弾きながらベートーヴェンになっちゃうような。そして、これこそが「樂」の最大の効能のひとつで、伝説の王、周の文王になってしまうんです。

「一〇〇パーセント＋一〇〇パーセント」の状態

いとう　いわゆる、フランス現代思想でジル・ドゥルーズとかがいう「生成」が起きちゃったようなものなんですか？　対象そのものと同一化してしまうような現象が。

安田　そうです。先ほど紹介した「桑林の舞」で雨が降るのは、天と人との一体化、「天人相感」が起きるからです。天も人も、そのままでは混沌《こんとん》としている。それに秩序、すなわち「文《あや》」を与えたのが「天文」であり、「人文」です。この「文」を糊代《のりしろ》として天と人とは交感しうる。人が、「桑林の舞」によって、その「文」、人文を整えることによって、乱れた天文も整い、雨が降るべきときには雨が降る。「桑林の舞」というのは、人文を整えることができる、とても強力な舞だったようです。

で、じつは能の舞も同じなのです。能の舞というのはよく見てみると「陽」の動きと、「陰」の動きとを繰り返しています。前に出る「シカケ（サシコミ・陽）」のあとには、後ろに下がる「ヒラキ（陰）」があり、「左（陽）」のあとには「右（陰）」がある。このように「陰陽」を繰り返すことで、自分の中の「陰陽」が自然に整ってきます。そして、自分の人文に天の「陰陽」である天文が感応する。だから能も雨乞いなどに使われたりしたのでしょうね。

いとう　「生成」ですから、一体化というよりも「対象との分別をなくす」ということなんですね。

安田　はい。でも、とはいえ、物理的に松に入ることはできないし、心が完全に松に入りきってしまったら句は作れませんから、松に入った自分と句を作る自分が共存しているわけです。

最初はこれが全然わからなかったのですが、世阿弥の「離《り》見《けん》の見《けん》」を知ったときに「ああ、これだ！」と思いました。世阿弥は、客席と、そして自分の後方に「演じている自分を見る自分」を作れといいます。
能の主人公であるシテは、鏡の間で面をつけた自分の顔を見て、それと一体化して舞台に出ます。その「一体化した自分」と、それを「観察する自分」の両方が必要なのですが、しかしそれは、「五〇パーセント＋五〇パーセント」では絶対ダメで、「一〇〇パーセント＋一〇〇パーセント」の状態になってはじめて、「離見の見」の境地に至れるわけです。そして、さらに観客の中にも自分を置きます。

いとう それはすごい話を聞きました。分割の思想ではなくて、もう一個の自分を作ってしまう。松そのものの自分を作り、元の自分がそれを句に詠むと。

それは、フランス現代思想で考えられていた「生成」の概念ともちょっと違うかもしれませんね。「生成」は「同一化」「一つになる」ことを重視していますから。「1＋1」が一体化して「1」になるのも、結局は理性に縛られているのかもしれませんね。「1」が簡単に「2」、あるいは「複数」になり、しかもその「2」は同じものなんだというのが、「樂」であり「松に入る」ことであり「離見の見」であるということなんですね。

安田 「樂」もそうだからこそ、「詩」と「禮」のあとの最後に学ぶべきこととされていたんでしょうね。

2 「樂」の前に「詩」と「禮」を学ぶべし

文字は「言葉を定着させる」呪力をもつ

いとう 「樂」との対比で、「詩」と「禮」についてもうかがいたいんですが……。現代の感覚だと、「詩」や「禮」を勉強するといわれると、学者みたいな人をイメージしますが、「樂」はどう見ても身体的なプレイヤーですよね。ミュージシャンなりダンサーなりアーティストなり。翻《ひるがえ》って考えると、「詩」や「禮」も身体的な要素があるということなんでしょうか？

安田 はい。「詩」にもいくつかの性格があって、まずひとつには、基本的に詩には「歌」がともないます。

いとう なるほどそうか、口に出さなきゃいけないわけですね。

安田 それも歌うだけでなく、どうも演じられていたようです。「プロローグ」で紹介した聞一多は、五経のひとつで中国最古の詩集である『詩経《しきょう》』を使った詩劇を書いていて、僕も一度それを試演したことがあります。

またもうひとつ、当時ほんの一部の人の間だけで流通していた「文字」を覚えるという役割も詩は果たしました。当時は、為政者ですら文字を知りませんでした。しかし、土地によって言葉がまったく違う中国において、外交は文字によってなされていて、それを使えるということは外交に携《たずさ》わる孔子の弟子たちにとって、絶対必要なことでした。彼らは詩を覚えながら、文字も覚えたのです。

現代人にとって、文字は当たり前すぎるほど当たり前のものですが、しかし文字が一般的ではなかった当時、文字は「言葉を定着させる」という、まさしく呪術的な意味がありました。それまでは言葉は一度口にすると消えていくものでしたが、消えずに定着させる呪術的なツールが文字であり、そしてそれを知ることも、「詩」を学ぶことの大きな意味でした。

「詩」や記憶は、宇宙を身体にとり込む秘術

いとう 文字を定着させていた、そのメディアは何だったのですか。

安田　普通は木を細く切ったものや竹です。大事なものは青銅器に鋳込みました。「詩」という文字字体が、言葉を定着させるという意味があります。いまの「詩」という字は、右側が「寺」ですが、もともとは上の部分が「止」で、昔の「寺」はこんな字をしていました。

上の「止」は足がどこかに止まっている形で、下の「寸」は手でそれをつかまえているさまを象《かたど》っています。つまり、「寺」という字はもともと、「動かないようにじっとつかまえる」ことを意味していました。「待」という字の左側の「ぎょうにんべん」は「十字路」のことで、「十字路」に「じっと動かず」にいるから「待つ」という意味になりますし、人（にんべん）にぴったりとくっつく（寺）と「侍」になります。

そして、「詩」というのは、口に出す前に心の中で一度、ぐっと「止め」、それから言葉を出すのが本義です。

いとう　「止める」のは物質的な意味合いですか？　それとも記憶や印象に「とどめる」ということも含みますか？

安田　両方の意味合いがあると思います。消えていってしまう言葉を、木や竹、あるいは青銅器などのメディアに書いたり刻んだりして、ここに止めるということに、ものすごく大きな意味があったんじゃないかと思います。いまでも、名前を間違って書くと怒る人がいますよね。それと同じように、「言葉を止める」ために文字を「刻む」ことには呪術的な意味がありました。

また、記憶も本来は呪術的なものです。現代では「記憶術」というと、試験対策のようなものに堕《だ》してしまっていますが、ユダヤ神秘主義などでは『聖書（旧約聖書）』の中の文字ひとつひとつに秘密の意味を付して、その記憶を秘術化しています。カバラの伝統に従って『聖書』を読むと、『聖書』の世界が自分自身の中に立体化されるんです。言葉が立体化するというのは能の謡の中にもありますし、おそらくは『詩経』などの五経の中にもあった。

記憶というのは、世界や時間、すなわち大宇宙を自分という小宇宙の中にとり込み、自分と宇宙とを一体化させるための秘術でした。霧散する言葉をここにとどめ、そして記憶によって宇宙をおのれの身体の中にとり込む、そのような呪術的な装置が「詩」であったということができると思います。

いとう　いやあ、面白い。

「聖なるもの」「霊的なもの」を呼び出す「詩」

安田　でね、それだけで終わりじゃなくて、「詩」にはもうひとつ重要な意味がありました。それは「聖なるもの」「霊的なもの」を呼び出す役割です。

この役割は『イーリアス』などの古代ギリシャの叙事詩にもありますし、日本の詩も『万葉集』や『古今和歌集』のころまでは同じような役割がありました。ギリシャではエピテトンと言いますが、日本では和歌の修辞法のひとつである「枕詞《まくらことば》」によって導き出します。「枕詞」によって引き出される言葉はその多くが「聖なるもの」「霊的なもの」です。『詩経』の中にもそういう用法がたくさん紹介されていて、こちらは「興《きょう》」と呼ばれます。

いとう　そのためのものなんですね。要するに「前触れを起こす」ってことですよね。「たらちね」と言っておいて、「母」を呼び起こすみたいな。

安田　そうです。「母」のような聖なるものは軽々しく言ってはダメなんです。

いとう　なるほど、簡単に「母」って言っちゃいけないから、「たらちね」って言うんだ。みんな出るぞ出るぞって「前触れ」を喚起させる。

安田　そうそう。で、次第に、「たらちね」だけで「母」を表すようにもなったりね。ただ、「枕詞」の面白いのは、一対一対応になっていないものも多いということです。これは、そのものを呼び出すというよりも、そのもの「であること」、すなわちもののけの「もの」と同じで、そのものの霊質である「もの」を呼び出すことです。

また、「枕詞」って、たとえば「あしびきの山」の「あしびき」は、山登りをすると足を引くくらいに大変だから「足引き」だなんていわれていますが、古代音などから考えると「足」ではなく「葦《あし》」だったらしいし、「びき」の「き」も「引き」の「き」とは違うようなんです。

じゃあ、何なのかというと、それはいまとなってはわからないらしいのですが、どうも祭祀儀礼的な関係、たとえば山で葦を抜くような祭祀儀礼があったとかそんなのが「あしびきの」の由来だったようなのです。「あしびきの」という枕詞の中に、祭祀儀礼そのものが封じ込められていて、「あしびきの」と声に出して詠《うた》うと、その儀礼が立ち上がってくる。そして、それに引かれるようにして山の神霊が現れる。

これは『詩経』の中の枕詞的なものである「興」も同じで、そういう神霊を呼び出す言葉の使い方を身につけることも、孔子の時代の「詩」を学ぶことだったようです。だからこそ、これが「樂」の一部でもあるんです。

「禮」は古典芸能の稽古に似ている

いとう　なるほど。ところで「詩」の次に学ぶ「禮（礼）」は、具体的にはどういうことなんでしょうか。

安田　学の最終段階の「樂」が対象との「分別をなくす」ことであるのに対し、「分別をつくる」のが「禮」です。「樂」でとことん自由になる前に、まずは一度「型」に入ることを学ぼうということです。

「禮」といっても、いまの礼儀作法の「礼」とはだいぶ違います。「詩」もそうですが、「禮」も「詩」や「樂」と同じように神霊をここに呼び出したり、人を変容させたりする力があるものです。

ただ、「樂」のほうは、非常に名人芸的なところがあって誰にでもできるというものではない。それをある手順に則《のっと》って行えば、誰でもできるようにしちゃえというのが「禮」です。

まずは型である「禮」を学び、それからさらに修業をして名人芸である「樂」を手に入れる。まずは「分別」である型を学び、そこから始めて「分別のない」自由の境地に入る。「型に入って、型を出る」、これは、古典芸能の稽古にとても似ています。

孔子学団における、この「禮」の習得方法を述べたのが『論語』の冒頭、最初の一文です。僕がこれに気づいたのは能の稽古を始めてからですし、それに気づいたことによって『論語』のすごさや身体性にも気づきました。紹介しますね。

子曰、學而時習之、不亦説乎、有朋自遠方來、不亦樂乎、人不知而不慍、不亦君子乎、
（学而篇一）

子の曰《のたま》わく、学びて時にこれを習う。亦《ま》た説《よろこ》ばしからずや。朋《とも》あり、遠方より来たる、亦た楽しからずや。人知らずして慍《うら》みず、亦た君子《くんし》ならずや。

これは三つの句によって成っていますが、最初の一句についてお話ししますね。
この句は学校などでは「勉強して、ときどき復習をする。なんと悦《よろこ》ばしいことであろうか」というような意味で教えられます。僕は高校時代は勉強が好きではなかったので冗談じゃないと思いました。ところが本当は全然、違う意味なのです。

厳しくまねさせる「學」、呪術的時間を指す「而」

安田　まず最初の文字は「學」です。「プロローグ」でもお話ししたように、「學」という

のは、机に向かって学習することではなく、「禮」の型を身体的に教わること、学ぶことを意味します。「プロローグ」の話とも重複しますが、もう一度お話しすると「學」という字は昔の字形ではこういう形をしています。

上にある二つの「」は「手」で、下の「」は「子ども」です。真ん中の「冖」は学校で、手と手の間にある「」は現代の漢字では「爻」、「カフ」という音です。これは「効《ならう》」に通じて何かをまねすることを意味します。「カフ」が「コウ（効）」という音になったり、「ガク（学）」という音になったりします。この字は、子どもを学校に入れて、手取り足取り何かをまねさせることを意味します。日本語の「まなぶ」も「まねぶ」、すなわち「まねる」です。

ちなみに「」の下に子どもを置き、右側に鞭《むち》を持つ手（攵）を置くと「敎（教）」になります。また「斅」という字もあるように、この「學」は鞭《むち》でびしばし打たれるような学びだったようです。

いとう　厳しい意味だったんですね。

安田　はい。そして、「學」の次の「而」の字も重要です。

いとう　日本語の読み方としては「しこうして」ですよね。

安田　そう、そう。高校の授業では「置き字ですから無視しましょう」なんて言われちゃう。でも、これもかなり怪しい字で、神に憑依《ひょうい》された雨乞いの巫女《みこ》の逆立った髪の毛を指すとか、あるいは呪術師のヒゲだとか、いろいろいわれていますが、みんな怪しいでしょ。

いとう　そうなんだ。これも呪術的な言葉なんですね。「而」って、論理の言葉のイメージがものすごく強いですが。

安田　ですよね。たしかに時間の経過を表す語ではあるんだけれども、僕はその時間の経過を「魔術的な時間」と呼んでいます。いとうさんは音楽をされているからわかると思うんですけど、どれだけ練習しても全然上達しないときがありますよね。

いとう　ありますね。

安田　でも、それでも練習を続けて、で、「もういいや」と一度離れて、少し経つと突然できるようになっているときがある。表面では何の変化も起きていないんですけど、内側では何かが動いている、それを「魔術的な時間」と呼んでいます。

いとう　その感覚、めちゃくちゃよくわかります。

安田　その「魔術的な時間」の流れを指すのが「而」の字です。鞭でびしばし打たれて、それでも全然上達しない。師匠からも厳しいことを言われて、苦しくて苦しくて、「もうこんなしんどいことはやめようか」と思う。でも、それでも稽古を続ける。そういう時間を経てあるときふっと上達する。それは見えない内側に「魔術的な時間」が流れているからで、それを示すのが「而」です。大切な字でしょ。「置き字」だなんて無視できない。

いとう　まったくです。

「啐啄の機」を表す「時」、無意識にでも動ける「習」

安田　さて、次の「時」という字です。この字の右側は、さっきお話しした「詩」と同じく「寺」です。しっかりとつかまえるという意味。流れ行く時の、ある一瞬をグッとつかまえる、それが「時」です。誰がつかまえるかというと、師匠と、そして無意識の自分です。

毎日、鞭で打たれつつ、ダメだ、ダメだと怒鳴られる。意識の自分は「俺なんかにできるはずがない。全然ダメだ」と思っている。しかし、そんなある日、師匠から「明日の儀礼に出勤せよ」と命じられる。本人はダメだと思っているのに、です。

でも、このとき師匠はその弟子の機が熟したのを知っているんです。これより早かったら本番で失敗してしまい自信をなくす。これより遅かったら、やる気をなくしてしまう。

弟子の技や内面が熟した瞬間と、師匠の指示とが完全に一致する。まさに「啐啄《そったく》の機」です。それが「時」です。

いとう　啐啄は同時でなければならない。

安田　はい。そして儀礼の本番。祭祀儀礼ですから、彼のすることは舞のような行為のはずです。それが「習」です。

「習」という字は「羽」に「白」ですよね。「白」は「てへん」をくっつけると「拍手」の「拍」、パタパタです。羽をパタパタとはばたく、それが「習」です。鳥が空中を飛ぶように彼は自由に舞う。その舞、すなわち儀礼を滞《とどこお》りなく勤められるほどの稽古は積んでいる。眠っていてもできるほどに、です。意識ではダメだと思っていても、無意識ではできる。

「樂」の字は頭蓋骨の打楽器を表す!?

いとう　これってさっきの、孔子に憑依した文王の話と同じってことですよね。

安田　そうですそうです。

いとう　自分の中に入ったから、文王が引き出されてくる。

安田　はい。ですから、それが「說（悅）ぶ」になるんです。孔子の時代は「說」の字も

「悦」の字もなくて、右側の「兌」だけしかありませんでした。この字の下の「兄」は「祝」、巫祝《ふしゅく》とか祝詞《のりと》とかいうように、もともとは神事を司る人です。「兌」は、その人の頭部に神気が下るさまで、文王が憑依する。あるいは脱魂という説もあります。どちらにしろ本人の心身は超克されている。

そういう意味では、「禮」にも「樂」とほとんど同じようなすごい力はあるんですが、「禮」が「樂」に及ばないところは、師匠の厳しい稽古をともなわなければならないということなんです。そこから自由になって、無意識的なものも自在に操れるようになるのが「樂」の奥義《おうぎ》なんです。

いとう　なるほど、そこまで厳しい稽古をしてできるようになるのはある意味、当たり前だと。でも、それが「樂」を習う前提なわけですね。「樂」は大変ですね。名人の域に達してからでないと「樂」を手がけられないということですもんね。

安田　そうそう、「樂」という漢字の金文を紹介しておきましょう。

この字を白川静氏は「手鈴の形」とし、「古代のシャーマンは鈴を鳴らせて神をよび、神を楽しませ、また病を療した」（『字通』平凡社）と書きます。上の両側の「幺」がでんでん太鼓のバチのようなもので、真ん中の「白」は鈴だということですが、同じ白川氏の辞書で「白」を引くとこれは髑髏《どくろ》であり、「偉大な指導者や強敵の首は、髑髏として保管された」とあります。

となると、これは人の頭蓋骨に人の皮を張った打楽器なのではないかと思うんです。中村とうよう氏の回顧展で、人の頭蓋骨の打楽器が出ていましたし、チベットにもそのような楽器はあります。

古代には敵の英雄のしゃれこうべで打楽器を作り、それを打つことによって、その霊を呼び出し、その強力な霊力をもらうという呪術があったんじゃないでしょうか。そして、それが「樂」のもとだった。

いとう　何にせよ、呼び出すことが大事なんですね。過去の英雄の霊とか天と一体化するとか、一人の人間より大きなものを呼び出すことをめざしているということなんですね。

3 「まとめる（樂）」と「分ける（禮）」で人は笑う

「面白いものまね」と「面白くないものまね」

いとう　いまの、「樂」が人間より大きなものを呼び出すという話、「笑い」にもつながるなと思いました。霊的なものを「invocate」する、あるいは「invoke」する感覚っていうのは、笑いにもすごく通じる気がします。

安田　おお、そうなのですか。それ、面白そう。教えてください。

いとう　これは学生のころから考えていることなんですけど、人が笑うときって、上手なタイミングでその人の記憶を引き出してあげたときであることが多いんです。ボケが何かしたときにツッコミが「なんとかじゃないんだから」って言ったときのその「なんとか」が、観客の頭の中に入っている記憶を上手に引き出せていると、聞いている人は快感で思わず笑っちゃうっていう感覚が僕の中にあるんですね。

安田　おお、おお！　たしかに！

いとう　「ものまね」も同じだと思うんです。「ものまね」にも面白いものと面白くないものがあるじゃないですか。じゃあ「面白いものまね」は何をしているのかというと、上手な角度から――その角度から、「ものまね」されている対象を見たことはなかったなという角度から――観客の記憶を引き出しているんですね。

ただ瓜《うり》二つに似せれば面白くなるわけではなくて、見た目の顔は大きく違うのに仕草とか雰囲気が似ていると感じたときに、「ものまね」されている対象のエッセンスみたいなものがうまく引き出されて、それで面白いと思えるんじゃないかというのが持論なんですね。

でも、それっていったい何の快感なんだろうというのはずっと疑問で、今年はちょっと芸人たちとその辺のことを探ってみようと思っています。安田さんの「樂」の話を聞いて、「引き出す」ことが人間の根源的な悦楽になっているという思いが強くなりました。

ほんのちょっとおじいさん

安田　おお、そう言われてみれば、たしかにそうですね。先ほどお話ししたように「學」

の字の「」の部分が、まさにまねです。そして、世阿弥も「ものまね」が大事だといっています。世阿弥のいう「ものまね」というのは、いまいとうさんも指摘されましたが、そっくりまねることではないんです。

そっくりまねるのは「猿真似」です。「ものまね」で重要なことは「もの」を「まねる」ことなんです。「もの」というのは「もののあはれ」の「もの」ですし、「ものおもひ」の「もの」、先述の「もののけ」の「もの」でもあります。つまり、「もの」というのは、「これだ」とはっきり指し示すことはできないけれど、あるものをあるものたらしめている本質みたいなものなんです。

いとう　雰囲気というか。

安田　そうそう。で、それをまねることが能でいう「ものまね」です。たとえば能『羽衣《はごろも》』では、ワキである僕の役は漁師なのですが、そのとき着ている装束って、すごく高価なものです。

僕は小さな漁村で育ったので、まわりは漁師さんばっかり。「板子《いたご》一枚下は地獄」なんていう小さな舟に乗って漁に出るわけで、そんな高価な着物を着て漁に行く人はいない。

これって、そっくりまねるという「猿真似」の観点からすればおおいに間違いなんですけど、「漁師である〈こと〉」や、「漁師としての〈本質〉」をまねる「ものまね」では、全然問題ではない。
能『羽衣』でいえば、疑いなんて全然知らない、純粋無垢《むく》な天女に対する存在が漁師です。漁師そのもののリアリティよりも、天女のような非・人間的な存在に対する存在としての漁師が、その装束や能の動きによって、観客の中に浮かび上がることが大事なのです。リアリズムではなく。

いとう　その絶妙さが重要ですよね。老人の「ものまね」をするからって、腰を曲げすぎると臭《くさ》い芸になってしまって、そうするとあんまり快感が引き出されない。ほんのちょっとおじいさんになっていると、見る人がそのことに気づいたときに、自分のなかの記憶の像と目の前の像が呼び合うというのか、それによって笑う。そういう関係なんじゃないのかなと。そんなことを昔から考えています。
世阿弥の「ものまね」の話は僕も前から考えていて、芸事としてのつながりを感じていたんですが、それが孔子ともつながっているのが面白いというか、やっぱりそういうことなんだなという確信が深まりました。

閉塞状態を「割る」＝笑い

安田　ちょっと本題から離れてもいいですか？　笑いの話で思いついたことがありまして……。

いとう　思い出しちゃった。

安田　しかも『論語』じゃなくて『古事記』の話なんですが。天照大神《あまてらすおおみかみ》が天岩戸《あまのいわと》に隠れて世界が真っ暗になったときに、天照大神を岩戸の中から出そうとして、天宇受売命《あめのうずめのみこと》が神々の前で舞をしますね。それを見た八百万《やおよろず》の神々は笑うんです。それを『古事記』の原文では「高天原動而八百萬神共咲」と書かれていて、「笑う」に「咲」の漢字を当てています。

じつは「咲」の字は「わらう」が原義で、「花が咲く」という使い方はむしろ新しいのですが、それでもやはりここでこの字を使うのは面白いと思うのです。「咲く」っていうのは日本古来のやまとことばでは「先っぽ」の「さき」とも同じですから、何かがこう「先っぽに開く」ことが「咲く」であり、つぼみを「裂く」ことが「さく」なんです。「笑う」も柳田國男は「割る」と同源だといっています（『笑の本願』所収、「女の咲顔」）。天照大神が岩戸に入ったことで世界に訪れた暗闇を打破する、つまり閉塞状態を「割る」

のがこのときの神々の「笑い」だというのが柳田國男の考えですね。

いとう　それはつまり、固定的な状況を壊すということですよね。

安田　はい。とくにネガティブなものを「割る」ことに力点があります。

いとう　笑いのその力はすごいですよね。

安田　引きこもりの人たちを対象に能のワークショップを頼まれることがあります。その人たちが引きこもる理由は人それぞれですが、共通しているのは、おそらくこの数日間、声をあげて笑っていないということじゃないかと思うのです。だからまず笑いを提供するのが大事。それによっていまの閉塞状態が壊れて何かが少しずつ動き出します。

「まとめる」と「分ける」は無意識レベルの悦楽

いとう　その話で、僕もひとつ思いついちゃいました。中沢新一さんの『チベットのモーツァルト』（講談社学術文庫）に——一九八〇年代初めの論文をまとめた論文集ですが——、チベット仏教のお坊さんが、雲が「割れる」のを見て呵々《かか》大笑《たいしょう》したっていう場面の描写があって、僕はよくこの場面を引用します。

「割れる」っていうのは「分節化」ですよね。「分節化」でも人は笑うことがあって、論理で上手に分類して分けてあげると笑うんですね。「これとこれはここが違うからこう分かれるよね」と説明すると、「あぁ〜、そうそう」って笑いながら納得するんですよ。

安田　なるほど〜！

いとう　でも笑いのきっかけにはもうひとつあって、おそらく一度割れた雲が「合一化」したときも笑うはずなんですよ。論理で「分節化」することと、一度分けたものを混沌とさせてもう一度「合一化」すること、その両方に笑いの契機があるっていうのが僕の考えで、それが根源的な人間の悦楽につながっているんじゃないかと思います。

赤ん坊の遊びもいってみればそういうことですよね。積み木とかブロックを何かの基準で「分けて」みたり、同じ性質で「まとめて」みたり、そういうことをして大喜びしていますよね。たとえば、赤っぽいものだけを集めて「まとめる」ような遊びをしているときは、それ以外の形とか大きさみたいな部分での「分節」を越えつつ、色の基準で世界を「分けて」もいるわけで、「合一化」と「分節化」を同時にやっているわけですよね。

そこに人間の根源的な、それこそ無意識レベルでの悦楽があるんじゃないかと。これまで話してきた、分別をつくる「禮」と、分別をなくす「樂」にもつながってくるんじゃないかと思います。

笑いの快感によって混沌を止める

安田　あの、本題からどんどん離れちゃっていいですか？

いとう　どんどん行きましょう。僕もそういう方向に話を展開していますから。

安田　いまの「分節化」の話はすごく面白くて、先ほどの『古事記』の天岩戸の笑いね。ここにもその「分節化」の話が関係してくるんです。

僕たちはいまこうして『論語』の話をしていますが、まわりではいろいろな音が鳴っていますよね。空調の音とか外で車が走っている音とか。そういう音が混ざり合っている状態でも会話が成立するのは、僕たちが音を「分節化」して聞き分けているからです。

ところが神道祭祀の『大祓《おおはらえ》』の祝詞（正確には祝詞とはいわないのですが）を読むとね、そういう秩序が地上にもたらされたのは天孫降臨《てんそんこうりん》以降で、それまでは岩や草木がみなしゃべっていたと書いてあるんです。天孫降臨をきっかけに「語問ひし磐根樹根立草の片葉をも語止めて」となります。これによって岩や草の声を聞くのをやめて……。

いとう　人間のしゃべる言葉だけを聞こうと。

安田　そうそう。それで世界は静かになるんですが、でもこれは草や岩の声が聞こえなくなっただけで本当はいまでもしゃべっている。それを聞くことができなくなったのは、ちょっと残念でもありますね。でも、これこそまさに分別をつくる「禮」の力です。

で、この「分節化」が壊れるときが『古事記』の中で二回あります。神々の世界で分別がなくなり、岩や草木がまたしゃべり出すときです。その最初がこの天岩戸隠れ。天照大神が岩戸に隠れて闇になったとき、一度はしゃべるのをやめた万物に宿る神々の声が、「五月蠅《さばえ》なす」といって、五月の蠅のようにぶんぶんと聞こえ始めるんです。ちなみに『日本書紀』には一〇メートルもの玉になった蠅の大群が五月に発生し、この音は雷のようであったという記事があります。

僕たちも、たとえば夜寝るときのような真っ暗闇に入ると、頭の中でいろんな声がし始めることがありますでしょ。これも「分節化」が壊れているときだと思うのです。そんな悪《あ》しき状況が、天宇受売命が引き起こした笑いによって収まって、もう一度「分節化」を取り戻すんです。

いとう　快感によって混沌を止めるということですよね。普通の発想だと、ワイワイガヤガヤうるさいときは、「うるさい」って叱って教育的な方法で止めようとしますが、笑いの快楽によって止めるやり口がありますよね。僕はそれが、沈黙をもたらす望ましい方法だと思っています。

読むと必ず死んでしまうジョーク

安田　自分が楽しくて笑っているときも、周囲の雑音って気にはなりませんね。『古事記』の中で「分節化」が壊れるもうひとつの場面は、スサノオが、亡き妣《はは》の国に行きたいと泣き散らしたときです。そのときやはり、それまで沈黙していた神々の声が五月の蝿の大群のように響き始める。神々の国というのは悲しみがない国というか、あってはならない国なんで、結局、スサノオは追放されてしまうのですが。

いとう　他者が自分の中に入ってきちゃうということなんでしょうか。笑いには、それを「祓《はら》う」効果があるというか、次元を変えちゃう力があるんですね。そういう意味で、笑いは武器にもなりえます。

モンティ・パイソン（イギリスの代表的なコメディグループ）のコントで、読むと必ず死んじゃうジョークというのがあります。第二次世界大戦中、売れないイギリス人の作家が「世界一面白いジョーク」を作るところから話は始まります。ところが、そのジョークは面白すぎて、創作者自らが笑い死にしてしまい、それを見た人も次々と同じ目に遭《あ》います。その破壊力を聞きつけたイギリス軍が対ドイツ戦の兵器として導入するというコントです。

ものすごくブラックなユーモアではあるんですが、そういう破壊力があるという意味では、孔子の「樂」と根源的なところで近い気がします。

いまここにいない人を喜ばせる

邵鐘

安田　そう考えると、「笑い」と「樂」の関係性も面白いですね。「樂」は「楽しい」とも読みますが、「周」の時代にはすでに「楽しませる」という意味合いが出てきています。この「金文」には「我が先祖を楽しませて長命を祈る」とあります。

楽しませる相手は先祖の霊だったのが、だんだんと、いま生きている人たちに変わってくるのがまた面白いところですね。

いとう　やっぱり「樂」の対象はもともと先祖だったんですね。芸事の基本は先祖を喜ばせることにあるっていうのは、僕はすごくしっくりきます。
僕も芸人として舞台に立って、いい具合に集中できていると、その場にいる人を笑わせているというよりは、もっと遠くの人を笑わせている感じになるときがごくまれにあるんですね。ご先祖様まではなかなかいかず、いちばん後ろの大向《おおむこ》うぐらいが精一杯ではありますけど。
客席のいちばん前の人を笑わせているのはあんまりたいしたことない芸人で、いちばん後ろでつまんなそうに座っている人を笑わせてはじめて、「やった！」という感じがします。大向うをずっと延長していって、そこにいない人、すでにこの世にいない人を喜ばせるという感覚もよくわかります。
安田　なるほどまさに、「樂」を届かせようとするのは、いまここにはいない人です。そこに届かせるところから、「樂」や芸事は始まったということですね。
いとう　でも、「樂」がすごいのは、その呪術性ですよね。笑いはきわめて日常的なこととして起こりますけど、「樂」は天気を変えたり人を死に至らしめたりしてしまうわけですから。
安田　はい。しかし、そういう強大な力は、人格の完成とともに身につけなくてはいけない。そういう技術だけを身につけることの危険性も孔子は意識していたと思われますね。

4 欠落をもつ者だけが「君子」になれる

『論語』の中の不思議な章

安田 話を少し戻しつつ、そのあとに僕の妄想全開で、話を広げてもいいでしょうか。

いとう もうどんどん行きましょう。

安田 「樂」が気になったきっかけは、『論語』の中のすごく不思議な章なのです。

大師摯適齊、亞飯干適楚、三飯繚適蔡、四飯缺適秦、鼓方叔入于河、播鼗武入于漢、少師陽擊磬襄入于海、（微子篇九）

大師摯《たいしし》は斉に適《ゆ》く。亜飯干《あはんかん》は楚《そ》に適く。三飯繚《りょう》は蔡に適く。四飯缺《けつ》は秦《しん》に適く。鼓方《こほう》叔《しゅく》は河に入《い》る。播鼗武《はとうぶ》は漢に入る。少師陽・撃磬襄《げきけいじょう》は海に入る。

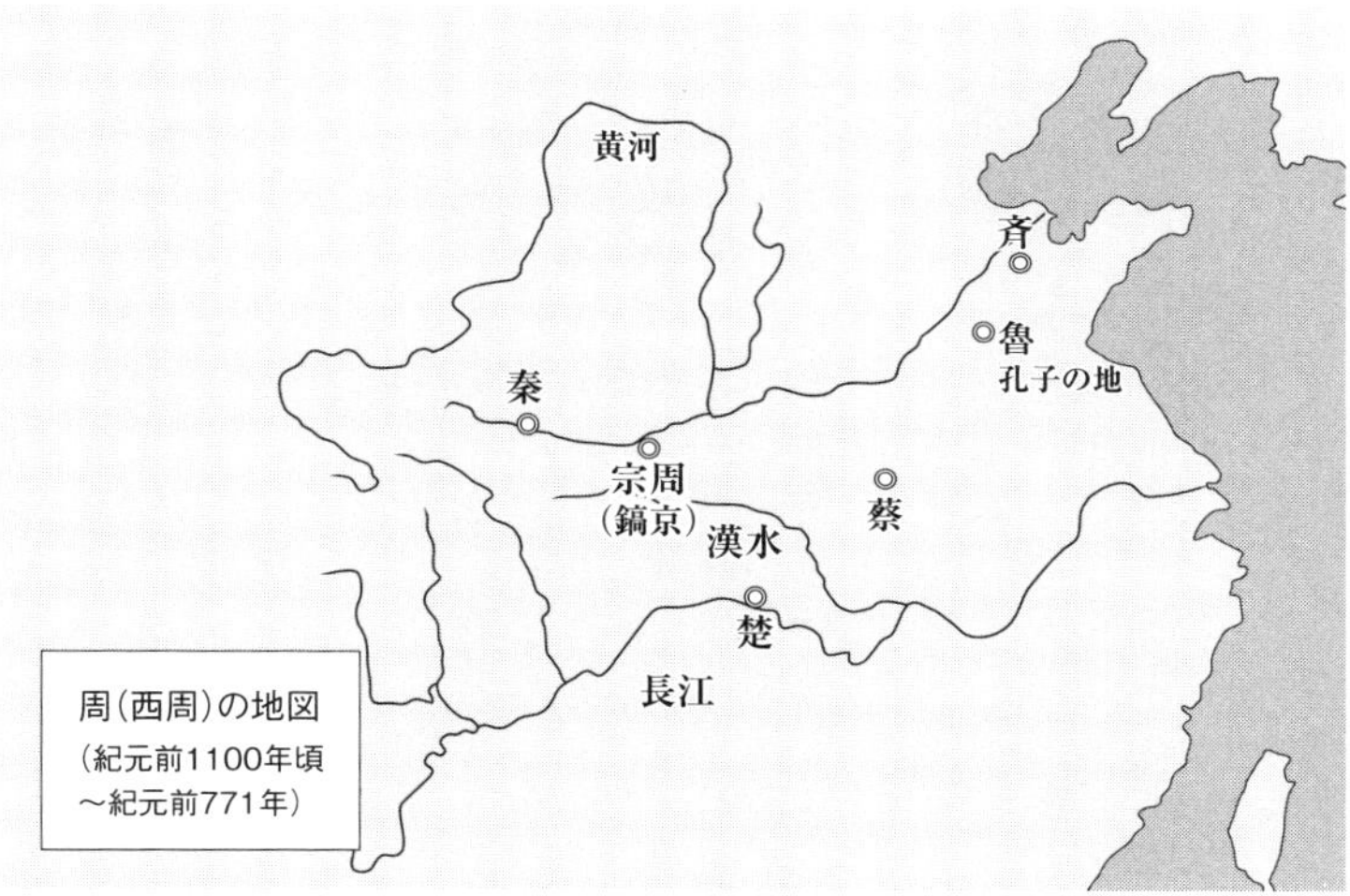

八人の楽師が向かった場所

この章句にはいろんな人がいろんなところに行きました、という話がわざわざ書かれているんです。総勢八人が、中国全土に散っていったという話。最後の二人は海に入っちゃうし。

いとう　外国に行ったのか海底をめざしたのか、どっちかわかんないですね。

安田　そうなんです。なぜ、こんな章がわざわざ『論語』の中にあるのか、不思議でしょ。

いとう　この八人はみんな弟子なんですか？

安田　たぶん、違うんじゃないかとは思うのですが、よくはわかっていないんです。

いとう　個人の名前じゃない？

安田　たとえば、この「大師摯《たいしし》」の「大師」というのは役職の名前で、音楽の長官という意味です。「摯《し》」が人名です。

次の「亞飯干《あはんかん》」。まず「亞飯」の「亞」というのは「次」という意味で、「飯」がご飯ですから二度目の食事という意味なのですが、それが一日のうちの二度目の食事なのか、あるいは一回の食事の二度目に料理が出るときなのかは諸説あってよくわかりませんが、そのときに演奏する人が亞飯の干《かん》さん。

いとう　そんなことが決まってるんだ。じゃあ、「三飯」「四飯」というのは……。

安田　三杯目、四杯目。

いとう　どんどん食べますね。

安田　しかも、その都度、音楽の演奏をともなっていた。

いとう　当然、その食事というのはある種の祝祭というか儀礼というか、「禮」が決まっている……。

安田　そうです。食事というのは、古代中国ではとても特別なことで、前にもお話しした包丁の語源になった「庖丁」という料理人が牛をさばくさまが「桑林の舞」のようであったということが『荘子』に書いてあったり、また『論語』の中にも「樂」と同じように料理の話がたくさん出てきたりと、「食事」と「禮」や「樂」との関係は深いんです。殷王朝の建国にもっとも貢献した伊尹《いいん》という政治家は、もと料理人だったりもしますし。
ただ、ここに登場する人たちはみな楽師です。「鼓方叔《こほうしゅく》」には楽器を表す「鼓」という字が入っていますし、「播鼗武《はとうぶ》」の「鼗」の字も、下に「鼓」の字が入っていることからわかるように、楽器のことです。海に入った一人、「少師陽」の「少師」は、音楽の次官のような役職です。もう一人の「撃磬襄《げきけいじょう》」の「磬」も楽器です。前にお話しした孔子が琴を習ったのは、この人の子孫ではないかという人もいます。

孔子が放浪の旅に出た目的

いとう　この、いろんな人があちこち行っちゃう話は、いつの時代のことなんですか？当然、孔子が生きていた春秋時代（紀元前七七〇～紀元前四〇三）より前の話ですよね。

安田　それもよくはわかっていないのですが、おそらく「殷」王朝の末、紀元前一〇〇〇年くらいのことではないかといわれています。

いとう　つまり、孔子が生きていた時代よりも五百年ぐらい前の話なわけですね。

安田　そうです。楽師が亡命したことがきっかけで、殷を討伐するのを決めたり、あるいは亡命するときに楽器を持って行ったりと、樂は一国の存亡にも関わる重大事でした。

そんな樂に携わる楽師の名前と、彼らが行ったところがただ羅列されているこの章は、『論語』の中でとても異質です。むろん何の教訓もないし、思想も見えない。なぜ、こんな話が『論語』に含まれているのかよくわからない。でも、僕はこの章にはとても重要な意味があるんじゃないかと思うのです。

孔子は後半生の一時期に、諸国を放浪したことが知られています。その放浪の旅は、自分の政策を評価してくれる国を探したと思われていますが、それもあるかもしれないけれども、もうひとつの目的、すなわちバラバラにされた「樂」を訪ね歩き、それを統合し、殷の時代の「樂」を再現するという大プロジェクトを企図していたんじゃないかと思うのです。そして、そのためのガイドブック的な性格をもっていたのがこの章。

天下を保つため、「樂」のパワーを解体して分散させた？

安田　最初のほうでお話ししましたけれど、殷の時代の「樂」は、国を滅ぼしたり、人を死に至らしめたりする力がありました。殷を滅ぼした周は、その楽師たちを受け入れたわけですが、あまりにもその力が強力すぎて危険なので、周の時代に一度それを解体して各地に分散させたんじゃないかと……。

いとう　あまりに危険すぎると。

安田　はい。それは豊臣秀吉や徳川家康が行った政策に似ています。織田信長あたりから、騎馬や弓、剣の戦いから鉄砲への戦いに戦術が変わってきますでしょう。武器としての殺傷能力が全然違いますから。で、秀吉も家康も鉄砲の力で勝ち上がってきた。

本来ならば、天下を取ったあとは、その武器開発を推し進めるはずなのですが、江戸時代の武士のイメージといえば刀です。これは秀吉の刀狩《かたながり》あたりから始まると思うのですが、より強力な武器を開発するのではなく、むしろ強力すぎる武器を破棄する方向を選んだ。それこそが天下を保つ方策だと考えたんです。

周の時代の誰か、おそらく周公旦《しゅうこうたん》ではないかと妄想するのですが、彼もやはり強力すぎる武器である殷の「樂」はこのまま進化させるのは危険だと考えた。でも、完全に破棄するのはもったいないので、一度解体して、分散させようと思った。その分散を示すのがさっきの章ではないかと思っているんです。孔子学団はその秘伝を継承していた。

いとう　面白い。

安田　孔子の時代あたりまでは、まだ「樂」のパワーが残っていて、孔子はその解体された「樂」を求めるために諸国放浪をしたんじゃないかと思ったのです。たとえば「斉」の国へ行って「韶《しょう》」という「樂」を聞いたら、三カ月間、肉の味がわからなくなったと書いています（述而篇一三）。これは「それほど感動した」といわれていますが、そんな甘い話ではなく、実際に味覚を奪ってしまう「樂」があったんじゃないかと。

「樂」を携えた楽師が日本に入ってきた可能性

安田　ただ、残念ながら、孔子は完全な形で「樂」を採集することはできなかったはずです。さっきの章を見ると、鼓方叔は河に入ってしまうし、播鼗武は漢、これもたぶん漢水という川ですね、そこに入ってしまうし、なんといっても最後の二人、「少師陽」と「撃磬襄」は海に入ってしまう。この海に入るって怪しいでしょ。

いとう　で、その二人はどうなっちゃったんですか？

安田　それはもう全然わからないんですが、歴史学者の網野善彦さんがいうように、日本海が中国大陸と日本列島をつなぐ内海だったとするならば、ひょっとしたら日本に入ってきた可能性もあるんじゃないかと思っています。

もうこうなると妄想どころではないほどのトンデモ話になってくるのですが、でもね、たとえば山東半島の付け根の「斉」まで来れば、もう海は目の前ですから、そこから海を渡って日本にやってきたとしてもおかしくはないでしょ。紀元前一〇〇〇年ごろに「殷」が滅亡したあとに、「樂」を携えた楽師が日本に入ってきた可能性はあるかもしれないと思っているんですね。

いとう 当時の日本は縄文時代晩期ぐらいですか？

安田 当時すでに水田稲作が始まっていたという説もありますが、まだ縄文晩期ですね。

古代、舞踏は宗族を示す紋章（エンブレム）だった

いとう そのころの日本列島はいろんな部族が入り乱れていたでしょうから、日本語っていうよりは踊ればわかる、倍音出せばわかるっていう感じでしょうね。

安田 まさにおそらくそうで、マルセル・グラネというフランスの中国学者が、こんなことを書いています。ちなみに、マルセル・グラネの考えは、白川静氏にも大きな影響を与えています。

> 宗族の神は、過去の記念である舞踏によって維持される。宗族の聖なる所有であり、舞踏は宗族にとって、音楽と身ぶりの紋章のようなものである。

（『中国古代の舞踏と伝説』マルセル・グラネ、せりか書房、二六七頁）

文字も何もない時代、舞は宗族の神を保存するもので、音楽と身ぶりをともなう舞踏は、宗族を示す紋章（エンブレム）だったのです。ですから、舞踏を伝えることは、宗族のエンブレムを伝えることを意味していて、「樂」を携えた楽師が日本にやってきていたとしたら、殷のエンブレムを伝えているはずですし、さらにいえば「樂によってエンブレムを伝える」ということを伝えていたはずなんです。

いとう その話、面白いですね。二〇一四年に出した『親愛なる』（河出書房新社）っていう本がありまして、これは一九九七年に、インターネットを個人が使えるようになって間もないころ、メール配信だけで発表した小説に少し手を入れて出版したものです。

物語は入れ子構造になっているんですけど、近未来のソウルを舞台にした、人間本来の言語が封じられてしまっている世界を描いています。それを唯一破ることのできる女の人が登場しまして、その人はダンサーなんです。

ダンスによって、時の権力が封じたはずの言葉を伝えてしまうから、政治的に危険視されて弾圧されようとしているわけですが、その女の人は危険を顧《かえり》みず、みんなを自由にする踊りを始めてしまって、そのまま革命が起こるだろうということを想起させるシーンで終わるんですけど、それがまさにエンブレムとしての踊りですよね。

安田 ああ、そのシーン、覚えています。あのダンスは「桑林の舞」でもありますし、真の暗闇を破った天宇受売命の舞踊でもありますね。

いとう エンブレムであり言語であり、「桑林の舞」でもある。そういうことですよね。

山梨の神社に楽師の末裔のエンブレムが祀られている!?

安田 はい。それでですね、エンブレムとしての「樂」には、トーテムとしての動物がともなわれることが多く、それが宗族の神として崇《あが》められます。日本に入ってきたかもしれない楽師の末裔というか、彼らのエンブレムのトーテムは音楽神の「夔《き》」じゃなかったかと思っています。「夔」は甲骨文や金文にとてもよく出てきます。「夔」が出てくる甲骨文三つと金文一つを挙げておきますね。

次頁の図1は最初期の甲骨文のひとつですが、ここには殷に統合された各部族のトーテムが刻まれているといわれています。上の蚤《のみ》のようなのは「羊」、下に山がありますね。その下が「虎」、さらに下のものが「鳥」。左は「亥《がい》」でイノシシ、そして右側のが「夔」で、これは猿ではないかといわれています。

図4

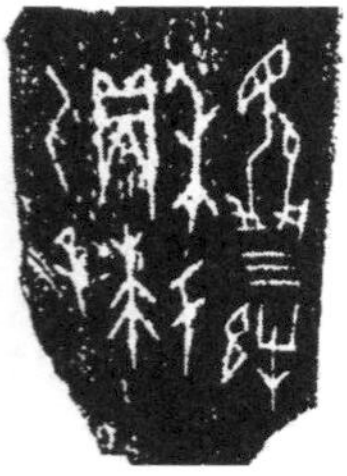
図3

図2

図1

「夔」が出てくる甲骨文（図1〜3）と金文（図4）

甲骨文の二つ目（図2）になると、金文（図4）のものにかなり近い形になっています。

金文の「夔」というのは分解すると左のページの図5のような形になっています。顔（目）があって、ちょっと出っ張った口があって、大きな耳があって立っています。顔の部分だけ見ると、かなり猿っぽいでしょ。

で、頭の上には髪飾りがついていますし、尻尾もついている。髪飾りと尻尾は人工的につけたもののようです。『古事記』に書かれる天宇受売命のような姿です。足が強調されているのも特徴です。この足は「舞」という漢字の下の部分の字と同じです。ただし、一足。一本足で、舞を舞う神です。

いとう　妖怪みたいですね。

安田　はい、一本足の妖怪ですね。「夔」は、五経のひとつである『尚書（書経）』には、古代の伝説

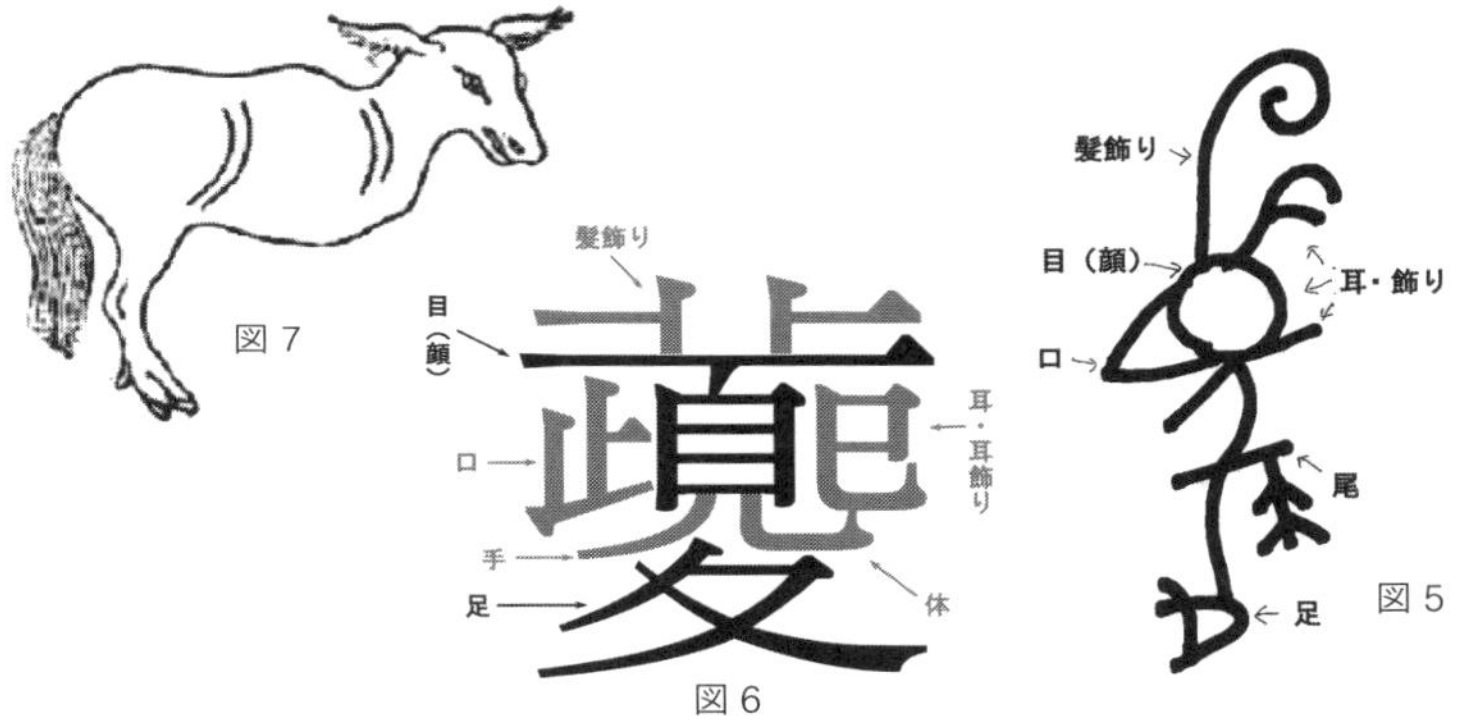

金文と漢字の「夔」の分解（図5、6）、『山海経』の「夔」（図7）

の王である舜《しゅん》が夔に対して「お前は樂を典《つかさど》れ」と命じ、夔が石の楽器を演奏すると、百獣はその音で舞うと書いてあります。

この時点では、まだ一本足ということは明記されていません。これが幻想地理誌である『山海経《せんがいきょう》』になると、角なしの牛のような姿の一本足の妖怪として描かれます（図7）。「夔」が水に出入りすると風雨が起こり、その光は日・月のごとく、その声は雷のごとし。その皮で鼓をつくって雷獣の骨で打つと、声が五〇〇里に聞こえて天下をおどろかすと書かれています。

で、その音楽神「夔」が、なんと日本の神社に祀られているんです。

いとう この妖怪みたいな形をした「夔」が？

安田 ええ。山梨県にある山梨岡神社というところです。以前に山梨県立博物館でこの神社の「夔」の展覧会があって、そこで「夔」の神像や由来記などが展示されました。

日本の芸能を担う「猿」の系譜

安田　これを発見したのが荻生徂徠《おぎゅうそらい》（一六六六－一七二八）なんですが、すでにそのときには、なぜ山梨岡神社に「夔」が祀られていたのかはわからなくなっていました。じつはこれは「夔」ではない、なんていう人もいて、僕もその絵は「夔」ではないんじゃないかとは思うのですが、それでも「夔」を奉ずる一族の人、すなわち猿をトーテムとする芸能集団が日本に渡ってきた可能性というのを考えると面白いと思うのです。

というのは、日本で芸能の神様というと猿田彦《さるたひこ》ですよね。

いとう　天孫降臨のときに神の先陣を切っていたのは猿田彦でしたね。

安田　そうそう。で、その猿田彦はそのあと、天岩戸で活躍した、これまた芸能神である天宇受売命と結婚して、そこから「猨女君氏《さるめのきみうじ》」という姓を創ります。また、芸能の始原と深い関わりがある万葉歌人の柿本人麻呂（六六〇頃－七二〇頃　異説あり）と関わりがある「柿本猨《さる》」という人物もいます。

猿をトーテムとする「夔」の神が日本に「樂」を伝えて、それをエンブレムとして受け継いだ猿系の人たちが、音楽や芸能をつないでいったんじゃないかというのが僕の妄想なんです。

いとう たしかに、歌舞伎でも「猿若三座」っていいますよね。中村勘三郎家の中村座と、市村座、森田座がそうですよね。

安田 能も明治になるまでは「猿楽」と呼ばれていましたしね。

秀吉はもともと猿系の部族だった⁉

安田 で、ここからはさらに妄想全開の話になるのですが、能っていまから六五十年ほど前、十四世紀後半に観阿弥・世阿弥によって大成されてから、一度衰退するんです。それをもう一度盛り立てたのは豊臣秀吉です。秀吉は自分を主人公にした能をつくるぐらい能が好きですから。で、能って、いままでドラスティックな変化が四回くらいあって、その第一回が秀吉なんです。秀吉が能をガラッと変えたんですね。で、その秀吉は、「猿」と呼ばれていたでしょ。

いとう 顔が猿に似ていたといわれますよね。

安田 そうそう。でもおそらくそれは後づけで、彼の幼名「日吉丸」に、その「猿」のヒントが隠されているように思います。

「日吉」で思い浮かぶのは比叡山延暦寺の守護神として崇敬された「日吉大社」で、その系譜に「日枝《ひえ》神社」があります。その神の使いは「猿」です。たぶん秀吉はもともと猿系の部族だったんじゃないかと思うんです。

ちなみに秀吉が大出世をしたきっかけはすべて築城に関連した働きです。となると秀吉は建築にも優れていたことになります。で、じつは芸能民と建築民というのは古代においては同一だったということを、建築家の渡辺豊和さんが『芸能としての建築』（晶文社）の中で書かれていますし、観阿弥や世阿弥、あるいはその一族も舞台という装置を創った建築に優れた一族だったのではないかと思うんです。

そんなあれこれから、「夔」の神、「猿」の部族が日本にやってきたんじゃないかと思うわけです。

「一本足」が神と人間をつなぐ

いとう　僕も負けじと妄想を言うと、一本足で思いつくのは「カカシ（案山子）」ですよね。カカシって、「樂」の「でんでん太鼓」じゃないですけど、鳥が逃げるようにカラカラ鳴らしてるのが多いですよね。

安田　たしかにそうですね。

いとう　仏像好きのみうらじゅんさんと、奈良の飛鳥地方に行ったことがあるんですね。そのとき田んぼのカカシを追いかけていたら、キトラ古墳にたどりついちゃったことがありました。

その話を舞踏家の田中泯《みん》さんにしたら、泯さんは「それは正しいんだ」とおっしゃって。「カカシみたいに一本足のものは、地獄の入り口に人を導くんだ。だから西洋でも、『オズの魔法使い』みたいなものは地底への導き手なんだ」と。『オズの魔法使い』にもカカシが登場しますよね。

安田　おお、なるほど！　『古事記』にも、知恵者である久延毘古《くえびこ》という神がカカシとして出てきますね。

いとう　そのときは、僕はキトラ古墳が好きなものだから、カカシをたどってキトラ古墳にたどりついたと考えていましたけど、人間の側から考えたら、カカシを使ってキトラ古墳から神を呼び出していると見ることもできますよね。

カカシが神を呼び出していると見れば、カカシは、神々を先導した猿田彦的な存在になるなと思いました。一本足のものっていうのは、神あるいは霊的なものと人間をつなぐような役割を果たしているのかもしれない。

能にもたしか、片足で動く「反閇《へんばい》」っていう大事な動きがありましたよね。

安田 はい。足を引きずるようにして舞う動きですね。『序之舞』の「序」の部分や、『道成寺』の「乱拍子」などは、次の足を出す前に一度足をそろえてから出すので、これを早回しにすると足を引きずるようにも見えます。

これって武術の足遣いである「禹歩《うほ》」にも似ています。禹歩についての中国の注釈を見ると「相錯《あいさく》せず」と書かれていますから、まさに序や乱拍子の足遣いですね。そう考えると「夔」が片足なのも、どうも同じように怪しい。

いとう つい先日も、鎌倉期の珍しい仏像を、変わった収集家の方に見せてもらいました。それは修験道の本尊である蔵王権現《ざおうごんげん》なんですけど、やっぱり片足なんですよね。しかも、踊るように足を後ろに曲げてスキップしているような感じで。

片足の系譜は、能からお神楽《かぐら》から蔵王権現からカカシから、全部つながってるんでしょうね。カカシ（案山子）も猿も、山のものですよね。

安田 「夔」も山のものですし、「日吉大社」も「山王権現」でやっぱり山ですね。「夔」のいちばん古い字は紀元前一三〇〇年のものですから、三千三百年前から「夔」は片足で音楽神でした。

いとう　片足が大事だとわかっていた人たちがいた可能性が大きいってことですよね。

孔子自身も「欠落をもつ者」だった

いとう　僕が古典芸能を好きになったきっかけは、いまから三十年以上前の学生のとき、岩手の花巻に伝わる民俗芸能の「早池峰神楽《はやちねかぐら》」を見に行ったのがきっかけなんです。

そのときに「式三番《しきさんば》」というお神楽をやっていて、夜も更《ふ》けてきてみんなお酒がまわってきたら、その「裏」だっていうんで「裏三番《うらさんば》」ってのを始めたんですね。これは、それまでやっていた「表」の「式三番」をパロディ化したものなんですが、エッチな動きもあって、村の人たちも見て笑ってるんですよね。

その中で強烈に印象に残っているのが、片足が跛《ちんば》でぴょんぴょん踊り始めて、それで村人がどっと笑い出したことなんです。

この話、神楽の人とか能とか狂言の人に言っても、みんな知らないって言うんです。僕はたしかに見たからすごく気になっていて、いまの早池峰神楽がどうかはわかりませんが、僕が見た一九八〇年代までは、神楽の中にも片足の芸能、笑いがありました。

それも何かが伝わってきている可能性がありますよね。起源もわからず、でも片足だとおかしいっていう何かが。

安田　いまおっしゃった、普通だと放送用語で引っかかっちゃう「跛」という言葉もすごく重要です。先ほどの「禹歩」は、伝説の聖王である禹《う》の足遣いをまねしたものといわれていますが、禹は跛行《はこう》したといわれています。

また、孔子は「君子」であることを大事にしますが、「君子」はもともと「尹《いん》（允）子《し》」という言葉で、漢字学者の加藤常賢《じょうけん》氏は、これを「佝僂《くる》（せむし）の男」だと言われています。つまり、「君子」になれるのは、身体的あるいは精神的に欠落をもつ者だけだと孔子は考えていました。

前にお話しした殷の建国に寄与した最大の功労者である料理人の名前も「伊尹」でしたから、彼も「佝僂」だった可能性もありますし、孔子自身も背が異常に高かったか、低かったかで、頭の上も凹《へこ》んでいたとか、また出身も卑賤《ひせん》の出だったとかで、いわゆる差別される身体、出自をもった人でした。だからこそ君子になれる。

いとう　それもすごい話ですね。

安田　イエスが「貧しい人は幸いである」と言いますでしょ。あの「貧しい」はギリシャ語では「プトーコス（πτωχός）」で、これも屈曲した身体をもった人、すなわち「佝僂の人」、尹子＝君子です（『新約聖書のギリシア語』日本キリスト教団出版局）。だからこそ幸いなんです。
孔子は自分が卑賤の出であるということを悲観していない。笑っていますし、相手をも笑わせようとしています。いとうさんがご覧になった早池峰神楽も、片足でぴょんぴょん飛んで、それを笑うっていうのが大事な気がします。

いとう わーわーわーわー笑ってました。差別の笑いっていう感じもまったくなく。それまでの「表」のルールがはずれたから笑い出すっていう感じに僕には聞こえました。あのときの感覚はすごく焼き付いてますね。

安田 「差別」という言葉がない時代から、神楽は受け継がれているんでしょうから、その笑いも差別じゃないんでしょうね。自分たちの秩序を壊されてしまったことによる笑いでしょうか。

いとう 「参りました」みたいな感じですよね。村人を笑わせてるから、片足の人のほうが偉いですもんね。

「平」と「仄」で番組が成り立つ

安田　芸能というのは、「見られて笑われる」存在から「見せて笑わせる」存在に変換するメタファーの装置のような役割があると思います。それができるのは、現代風にいえば差別される身体、出自をもつ人だからこそですね。

「式三番（翁《おきな》）」にも白い翁と黒い翁があり、黒い翁は差別された翁ではないかという人もいます。表の翁が白い翁で、黒い翁は裏の翁です。能と狂言がまさにその表と裏の関係です。能の完全なパロディの狂言って何曲かあるんです。いまはあまりそういうことはないですが、昔はたぶん、能をやったあとにパロディの狂言をやっていたはずです。

いとう　怒っちゃうんですか？

安田　能の人が嫌がることが多いようですね。せっかくまじめにやったものを笑われて台無しにされたってなりますから。

いとう　でもやっぱり、「表」と「裏」の関係なんですよね。前半で話した「分節化」と「合一化」、分別をつくる「禮」と分別をなくす「樂」、平仄《ひょうそく》が合ってる気がします。

安田　本当にそのとおりで、「平」と「仄」があることでオスとメスが成り立つ、番《つがい》が成り立つんですね。能と狂言という「番」で「組」になって演じるから「番組」。「平」と

「仄」の片方だけではダメで、両方が必要なのです。

いとう だいぶ真理に近づいてきちゃった感じがありますが。

安田 そうですね。これ以上話すと大変なことになりそうです。

いとう というわけで、今回はこの辺までにしておきましょうか。

II

『論語』に「宗教」を投げてみる

対話　釈徹宗

釈徹宗（しゃく・てっしゅう）

一九六一年生まれ。宗教学者、浄土真宗本願寺派如来寺住職、相愛大学人文学部教授、特定非営利活動法人リライフ代表。住職でもありながら、宗教学者として、仏教にかぎらず多くの宗教に精通している。また、落語や映画などへの造詣も深く、さまざまなジャンルの人との共著も多い。

1　孔子はカルト宗教を戒めた

『論語』には宗教的な話題が少ない

安田　今日は釈先生にお越しいただいたので、『論語』の中の宗教性について、いろいろとお話をうかがえればと思っています。

孔子は葬礼や祖先祭祀《そせんさいし》をとても大事にしていますし、なんといっても「儒」という漢字自体「雨乞い師」が原義といわれていますから、現代的な文脈でいえば非常に宗教的な人だったはずなのですが、『論語』の中には宗教的な話題が少ないんです。

それは、あまりに当たり前だったから書かなかったのか、あるいは孔子が宗教的なことを語るのをあまり好まなかったからか、あるいは『論語』編纂《へんさん》の過程で、そういう章句が削られた可能性もあるのかなとも思っています。

なんといっても孔子一門の言説をもとに、後代「儒教」という、孔子の思想からはだいぶ離れた宗教が成り立たされてしまうくらいですから、もし孔子が宗教的な発言をしていたら、むしろそれは邪魔なわけです。

『論語』は孔子の同時代に書かれたのではなく、それから数百年経ってから文字化されたのではないかといわれていて、現存する最古の『論語』(定州漢墓竹簡)は漢の時代のものとされています。その前の秦の始皇帝の焚書坑儒《ふんしょこうじゅ》では、儒教関係の書物は『易《えき》』を除いてすべて焼かれてしまったといわれていますし、現存する『論語』が孔子自身の発言をどのくらい正確に伝えているかは、さまざまな研究はありますが、よくわかってはいません。

釈　たとえば、口伝で伝わってきた部分もあって、それがその後、数百年経って文字化されたという可能性もあるわけですか。

安田　はい。孔子の時代にはすでに文字があるので、一度は書かれた可能性もあるとは思うのですが、口伝だった可能性もとても高いと思います。

釈　では、その時点で原義からはかなり変質していることもありえますね。

安田　はい。文字化の時点で。

文字にするより、口伝のほうがきちんと残る!?

釈　仏教の場合は、当初、意図的に文字化しなかったようです。なにしろインドの口伝というのはけっこう正確に残るんです。暗記大国でして、抑揚をつけて、韻《いん》を踏んで、何百年も正確に伝承していきます。むしろ文字にしてからのほうがいろいろと変節したらしくて。

安田　おお、そうなのですか。

釈　文字にするよりも、口伝のほうがきちんと残る場合もあると考える学者もいるぐらいです。インドでは、いまでも九九をものすごいケタまで暗記するようです。彼らの暗唱文化は、我々の想像を超えるものがあるのかもしれません。

安田　そういう意味では仏典の継承というのは信じられるものなのですね。『論語』に関していうと、中国語は一字一音節なので、同音異義語が非常に多くて、かりに正しく暗唱されていても、それを文字化するときに変わってしまう可能性があります。

しかも漢代は、孔子の時代に比べると漢字の数がとても増えているので、無意識のうちにわかりやすい、意味が通じやすい文字に変えられてしまった可能性もあると思います。

釈　なるほど、言語の特性の問題なのですね。

安田　はい。また、暗唱する人と筆記する人との関係性でも変わってしまう可能性があります。金田一京助《きんだいち》先生が、アイヌの方の伝承を記録されていますが、語りを聞きながら、

「さて、これから記録するぞ」となった途端に語り手の語りが変わってしまったと書かれています。

釈　観察者が影響を与えてしまうわけか。観察者効果というやつですね。

因果律の立場に立つ仏教は、世界的に見るとマイノリティ

釈　仏教は「縁起」という独特の因果律に立つところに最大の特徴があって、世界中、どれほどたくさんの宗派があっても、ここに立たないものはありません。ここに立たないと、仏教じゃないんです。

東日本大震災のときに、CNNから取材が来たんです。宗教者はこの事態をどう考えるのかということでした。どうやら、いろんな宗教者に取材しているようでして。あとでその報道を見たら、キリスト教神学者や、ユダヤ教のラビや、イスラムのイマームにも訊いていました。これらの宗教者は、基本的には「神のみこころはわからない」と答えていました。

安田　あー……。

釈　つまり、CNNは「なぜ神はこのような事態を起こしたのか」と尋ねたわけです。そ

れに対して、いずれの宗教者も「神のみこころは私にはわからない」と言う。これは、絶対なる神を立てる宗教におけるもっとも誠実な態度だと思いました。たしかそのときのローマ教皇も、同様に答えていたように思います。

安田　ローマ教皇もですか。

釈　むしろ「神はこれこれこういうわけで大震災を起こした」などと言う人がいれば、とても傲慢《ごうまん》な話ですよね。その人は、神の意図がわかる、と言っていることになるのですから。だから、みなさん「わからない」と答えたのでしょう。そして、「神のみこころは我々にはわからない。でも、間違いなく言えることは、いま、東北で苦しんでいる人たちとともに神はある」と語っていました。これも、とても誠実な応答です。

それで、私にも「なぜ神はこんな事態を起こしたんだと思いますか?」と尋ねるんですよ。だから、「いや、仏教ではそんなふうに考えないんです」と言いました。そうしたら「えーっ!?」と、とてもびっくりしてるんですよ。

安田　ははは。

釈　宗教というものは、絶対なる神を中心とした構造になっていると思いこんでいるんですね。私は、「仏教は、神の意志によって世界がクリエイトされていると考えずに、縁起という因果律に立ちます」と答えました。

すべての存在も現象も関係性によって一時的に成り立っている、それが仏教の立場です、といった説明を一生懸命にするのですが、いっこうに通じないんです。何を言っているのかさっぱりわからんといった感じで。もうちょっと勉強してから取材に来いと、だんだん腹が立ってきて。

安田 はっはっはっは！

釈 いろいろたとえ話を駆使《くし》してみたのですが、いまいちうまく伝わらないんですね。相手の「宗教＝神」というイメージが強くて。

安田 ああ、なるほどなるほど。

釈 「世界は神の意志で成立している」とするのが宗教だと思い込んでる。もうしょうがないので、「まあ、たとえば今回の地震は、北アメリカプレートと太平洋プレートのせめぎ合いで起こったわけでしょう？」と言ったんですね。「そういうふうに原因と結果で、仏教は考えるんだ」と説明したわけです。そうしたら、あとで報道を見ると、「仏教では今回の地震は北アメリカプレートと太平洋プレートのせいだと考える」となっていました。世界の仏教徒に申し訳なくて……。

安田 はっはっは！

釈 つまり因果律の立場に立つ宗教は、世界的に見ればマイノリティなんですね。なにしろ世界の過半数を占めるキリスト教・イスラムは因果律に立たないのですから。神への信仰を軸とした宗教と、修練による自己変貌を軸とする宗教との違いでもあります。

ですからしばしば「仏教は現代科学にも通じている」などと言う人がいます。たしかに現代人に受け入れやすい思想や心身のメソッドを内包しています。ただ、仏教も決して科学的態度をめざしているわけではありません。自分の執着を捨てるために、縁起という因果論を展開したのです。

王朝の正統性を示すために因果律が生まれた

安田　仏教で大切だとおっしゃられた因果論ですが、因果論が「この時点でできた」というのが中国ではわりあいはっきりとわかるのです。

釈　そうなんですか。それはぜひご教示ください。

安田　紀元前一〇〇〇年ぐらいの『大盂鼎《だいうてい》』という青銅器の銘文が、現在発掘されているかぎりでは「因果論」の初出です。これ以前の青銅器の銘文や甲骨の中には因果論を見ることはできません。あ、ちなみにこれは僕が因果論と呼んでいるだけなんで、本当に因果論といっていいかどうかはわからないんですが。

釈　はい。

安田　因果論は周王朝の歴史の中で必然的に生まれたというか、必要があって生み出されたものだと思うのです。『大盂鼎』が作られたのは、西周《せいしゅう》（紀元前一一〇〇年ごろ－紀元前七七一）になってから三代目の康王《こうおう》の時代です。

釈　聞いたことあります。

安田　はい。三代目というのは、どこから数えるかということもありますが、これは西周になってからの三代目、武王《ぶおう》、成王《せいおう》、康王という数え方。でも、この前には文王《ぶんおう》がいますから、そこから数えると四代目です。

三代目、四代目のころというのは新しい王朝にとっては一番不安定な時期です。周が倒したのは殷帝国という強大な王朝ですし、最後の殷の王は紂王《ちゅうおう》というカリスマ王です。殷に対して親しみを感じていた諸侯も多いし、殷の残党も多い。周にも武王というカリスマがいたから殷帝国を倒すことはできましたが、それでも初期の周の屋台骨はまだまだグラグラです。

そんなとき、周では武王というカリスマが亡くなる。次の成王は幼かったので、これを周公旦が補佐しました。周公旦は、武王の弟でもあり、かつ孔子が夢に見たというほどの、これまた別な意味でのカリスマです。偉大なるナンバー2ですね。ところが、次の康王になると、その周公旦も亡くなってしまいます。

釈　武王や周公旦などの強力なリーダーがいなくなるのですね。

安田　はい。ここらへんの流れは家康（武王）、秀忠（成王）を経て、家光になったころに似ていますでしょう。江戸幕府もそのころが一番危ない。康王は殷のシンパたちの力を抑えながら、周のこれからの礎《いしずえ》も築かなければならない。

そこでとった方法がまずは力による威嚇《いかく》です。召公奭《しょうこうせき》や畢公高《ひつこうこう》らの補佐を得て、外征を繰り返して周の威を四方に示しました。しかし、その一方で理論的というかシステム的にも周王朝を強固なものにしようとした。そこで生み出されたのが「因果論」だと思うのです。

周王朝の正統性を「理由」によって示そうとしました。なぜ周が正統なのか、ということを「理由」によって説明しようとする論法は、いまの私たちからすれば当たり前すぎるほど当然なのですが、この時代までそのような論法は現れていません。

考えてみれば、小さい子どもはそういうことをしません。この「理由」によって何かを説明するというのは、生得的なものではなく、学習によって身につけることで、しかもじつはかなり高度なことなのです。

変化しないこと（過去）によって未来が決まる

安田　『大盂鼎』の銘文には周王朝が正統である理由は二つあると書かれています。まず、殷の人々が、酒を飲みすぎて、常に酩酊《めいてい》状態だったから。これが一つ。二つめは、周の文王に天命が下ったからだと。

釈　常に酩酊状態って、なんか変な理由ですね。それと天命ですか。

安田　はい。この二つの理由によって、周は正統であると説明するのですが、そのときに「故」という文字を使います。あ、そうそう。じつは康王の時代には、まだ「故」という字はなくて「古」という字を使っています。

『大盂鼎』ではこの字を「故」という意味で使っています。

「A（殷の酒）」と「B（周の天命）」、〈故《ゆえ》に〉いま周が王権をとっていると、こういう論法です。

「故」のもとの「古」を四角で囲むと「固」という字にもなります。固くて「変化しな

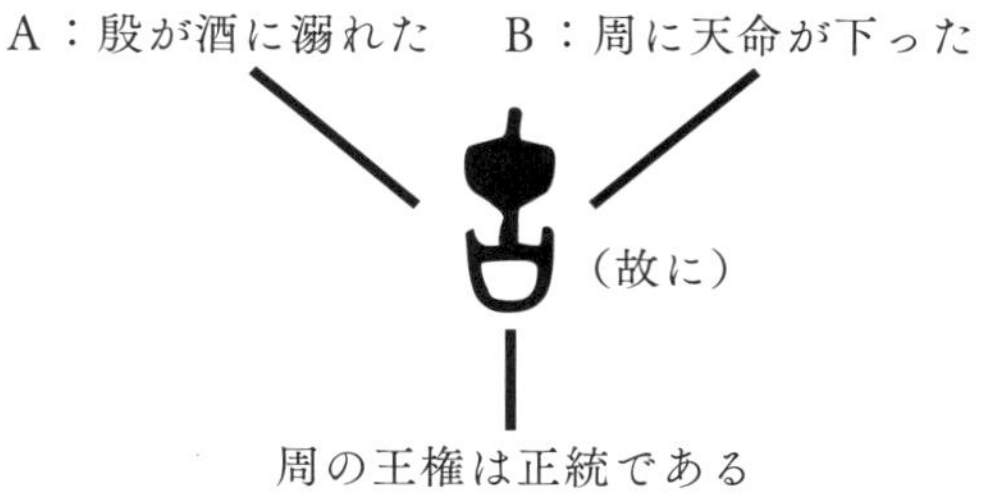
A：殷が酒に溺れた
B：周に天命が下った
（故に）
周の王権は正統である

い」、それが過去であり、「古」なのです。

釈　「変化しないもの」が過去ですか。

安田　はい。この字は兜《かぶと》の象形だとか、あるいは神の言葉を固く鎖《とざ》したものとか、いろいろ説はありますが、固くて変化しないものというのは共通しています。

殷の人々の酩酊と文王への天命降臨という二つの変化しないこと（過去）によって、未来が決まった、そう書くのが『大盂鼎』で、これが因果論の初出だと思います。それまでは、このような論法は存在しません。

一神教的な神だった「帝」から、新しい概念「天」へ

釈　いまお話に出た「天命」は大きな宗教的要素でしょう。「天」は、儒教にとって中軸となる理念ですが、これは「この世界には人間を超える意思や原理があって、見える世界は見えない世界の原理によって成り立っている」というものだといえる

でしょう。それは、広い意味での宗教であると考えていいんじゃないかと思います。

安田　はい。

釈　思いきって言ってしまうと、「天」を軸とした一神教であるとさえ考えることができる。

安田　たしかにいまは「天」というと一神教的なイメージがありますが、最初のころはちょっと違っていました。一神教的な神であった殷の「帝」に対する新しい概念として登場したのが「天」でした。

釈　「帝」が先行していたのですか。

安田　はい。「帝」は「上帝」とも呼ばれていますが、殷の時代には、この「帝（上帝）」を中心として、さまざまな神々のましますパンテオンがあったようなのです。

その神々にも序列があって、上帝に次いで偉いのが「先公神」と呼ばれる殷の先祖神や、婚姻関係にあった族の先祖神。このほかにも殷に従属した民族の先祖神もいて、それらは「族神」と呼ばれています。また、殷よりも前の宗教形態の継承者である巫術《ふじゅつ》者の操る神々は「巫先《ふせん》」と呼ばれていましたし、日や月、あるいは星や雲の神々は「天神」と呼ばれていました。

ちなみに、その最高神である「帝」を殷の時代の甲骨文字で書くとこうなります。

この「帝」という字は「すごく大きな生贄《いけにえ》台」という意味です。この中の部分だけで、生贄を載せる台になります。その上に生贄を載せて、このように血が垂れると、示偏《しめすへん》になります。生贄を捧げて祈る対象が「帝」なのです。

釈　うんうん。

安田　殷の甲骨文などを読むと、この生贄には人間も使われています。ところが周になると、この生贄を要求する「帝」から脱しようという動きが出てきます。そのときに「帝」に取って代わるのが「天」なのです。「天」というのは『大盂鼎』の文字ではこのように書かれています。

これは人（大）の頭部が強調されている文字です。ですから「天」というのは、自分の頭、すなわち内部にあるのです。つまり「天」というのは、外部にあった超越者が自分の内部に入ってきたことを表す文字だったのではないでしょうか。そしてそれを完成させたのが先ほども出てきた周公旦だったのではないかと想像しているのです。

釈　すごい、周公旦。

「帝」を内面化した周公旦

安田　さすが孔子があこがれただけのことはある人物です。五経の『尚書（書経）』の『周書』に『金縢《きんとう》』という一編があり、そこに例のカリスマ武王が死の病を得たときのことが書かれています。

まだ周初期の不安定な時期ですから、ここで武王に死なれたら大変です。そこで、やはり重臣の太公望《たいこうぼう》たちはいままでの方法、すなわち生贄的な方法でなんとかしようとするのですが、周公旦はそれを止めて、代わりに祝詞奏上のような祝禱《しゆくとう》で武王の命を助けるんです。

釈　それは宗教体系を構築するような作業です。しかもとても官僚的な手法だ。

安田　生贄を捧《ささ》げて、あとは超越者に任せるのではなく、自分の意思を祝詞として宣《の》る。このとき、外部にいた「帝」は内面化されて「天」になり、超越者も自分自身として身体化されたと思うのです。ところが、やはりこれは長く続きませんでした。

釈　あれ？　続かなかったんですか。

安田　はい。金文などを見ると周の初めくらいは、そんな感じもあったと思うのですが、その後に「天」は自分の内部から追い出されて、中空にまします超越的絶対者に戻ってしまうんです。そして、そのときには上帝パンテオンも消失してしまって、釈先生がおっしゃったように唯一絶対神的な存在になっていきます。

孔子の「怪力乱神を語らず」をそのまま受け取ってはいけない

釈　『論語』の中の生と死の境界に関することとして、「怪力乱神を語らず」（述而篇二〇）

がよく知られています。不可思議なことや神秘的なことは語らないという態度ですね。その一方で、宗教儀礼を通じて異界とコミュニケーションするという面もあったと思うんです。そういった境界領域に関して『論語』では何か語っているんでしょうか？

安田　はい、「怪力乱神を語らず」というのは、誤解されている章句ではないでしょうか。孔子は、現代から見ると、むしろ「怪力乱神」の世界に住んでいた人だと思うのです。現代的な目で見ると怪異になってしまうような話は、『史記（孔子世家《せいか》）』に載る孔子の伝記の中にはいくつかあります。たとえばこんな話があります。

孔子の故国である魯《ろ》の重臣、季桓子《きかんし》が井戸を掘ったときに土製の缶《かめ》が出てきて、中に羊のようなものが入っていた。これだけでも怪しいでしょ。で、季桓子は孔子を試そうと思ってか、「土の中から狗《いぬ》を得た」と言うのですが、孔子は「いや、おそらくそれは羊でしょう」と答えるんです。なぜわかるかというと「木や石の怪は夔《き》・魍魎《もうりょう》であり、水の怪は龍・罔象《もうしょう》、そして土の怪は墳羊《ふんよう》と聞いています」と孔子は言うのですが、これって、怪異の知識が豊富な人でなければ言えない。

また孔子が「語らず」というのは、そのまま受け取ってはいけないところがあります。たとえば孔子は「利と命と仁」に関してはほとんど言わなかった（子罕言利與命與仁）という文が『論語』にはあります（子罕篇一）が、『論語』の中の「仁」の出現回数は一〇〇回以上ですし、「仁」は孔子のもっとも大事な思想のひとつであることはよく知られています。ですから、「怪力乱神を語らず」というのもそのまま受け取ってはいけないと思うのです。

「義を見て為ざるは、勇なきなり」は、カルト宗教への警告だった

安田　ここでいう「怪力乱神」というのは、神秘的なことというよりも、もっと暴力的な話ではないかと思います。

釈　暴力的というのは？

安田　この「怪力乱神」は「怪・力・乱・神」とひとつひとつ分けて読まれますが、「怪力」「乱神」と二つの二字熟語として読む読み方もあります。

「怪」という字は中に「土」が入っていることでもわかるように土の神です。それに対して「神」は「申」が稲光の象形ですから天空の神。それに「力」と「乱」がつくので、土の神の力を使って自分の願いをかなえたり、天空の神の力を使って世を乱したりすることを戒《いまし》めるということだったのではないかと思うのです。

釈　そうなんですか、面白いなあ。

安田　そうなると「怪」や「神」自体はむろん問題ではない。それが「力」や「乱」と関係をもってしまうのが問題だとなります。

もっとだいぶあとの時代（漢代）、「巫蠱《ふこ》の乱」というものがあるのですが、これなどは呪いを使って太子を廃そうという企《くわだ》てで、まさに「怪力」や「乱神」ですね。「怪（大地神）」や「神（天空神）」の力を自分の願いをかなえるパワーとして使ったり、さらには他人を呪い殺すことに使ったりとか、そういうことをすることに対する戒めが、この「怪力乱神」だと思うのです。

釈　つまり、カルト宗教への戒めといった言葉だと考えることもできるわけですね。

安田　はい。

釈　「禮」や「樂」などに沿っていないのはカルト宗教だ、となるのですか？

安田　「禮」や「樂」に沿っていないだけならばいいのですが、孔子がまずいと思ったのは自分の祖先を祀《まつ》らずに、パワーがあるからといって異国の祖霊を祀ったり、邪神を祀ったりとか、そういうことのようです。

釈　孔子がわざわざオカルトやカルト宗教への警告を行ったのは、その当時にそういった営みがあったり、集団があったりしたということですよね？

安田　そうなんです。「義を見て為《せ》ざるは、勇なきなり」（為政篇二四）という句が『論語』の中にありますでしょ。この句は、前後の文脈から考えると、「本来は祀るべきものではないものを祀るのを、ダメだと言えないことは勇気がないことだ」という意味のようなんです。

祀るべき祖先ではない神々を祀ることが「不義」

釈 そうなんですか。やはり、古語を調べたり、前後の文脈を読んだりするのは大切だなあ。そういえば、『梁塵秘抄《りょうじんひしょう》』の有名な今様《いまよう》「遊びをせむとや生まれけむ」の「遊び」にも「宗教儀礼」の意味がありますよね。

安田 そうですね。遊びはもともとは「神遊び」ですものね。

釈 だからこの今様は、「神や先祖を祀るために、我々は生まれてきたんだ」というような意味が内包されているわけで。

安田 おお！ たしかにそうですね。孔子の時代は、それがいろいろ崩れ始めた時代なんでしょうね。

先ほどの「義を見て為ざるは、勇なきなり」は、前の文章から切り離されて、この句だけが独立して読まれることが多いのですが、『論語』本文ではこの前に「自分の祖先じゃないのに祀るのは諂《へつら》うことだ（其《そ》の鬼《き》に非《あら》ずしてこれを祭るは、諂いなり）」という文が置かれます。

　貝塚茂樹先生によると、当時は新しい神の霊を奉ずる女巫の新興宗教が流行《はや》っていて、しかも時の権力者もそれを祀っていた。だから、それに迎合するように人々も自分の先祖ではなく、そちらの神を祀るようになっていた。それが「諂う」ですね。

　祭るべき祖先ではなく、新興宗教の神を祀ってはいけない。しかし、権力者の意思に反して新興宗教を断固として排斥することは、大変勇気を要したことである、これが「義を見て為ざるは、勇なきなり」だというのが貝塚先生の読み方です。

　出土した青銅器の銘文などを読んでも「義」という字は、当時は「宜」という字が使われています。「よろし」です。この字の原義は祖霊に供犠して祀るという意味ですから、正しい祭りが「宜」で、祀るべきではない神々を祀ることが「不義（宜）」だったのでしょうね。

釈　それはとてもよいことを教えていただきました。

2　先祖とのコミュニケーション技法

孔子の祖霊への態度は「敬して遠ざく」

釈　先ほどの、「義を見て為ざるは、勇なきなり」が先祖祭祀について語っている件ですが、ということは孔子の果たした大きな役割のひとつに、「崩れかけていた死者儀礼を立て直した」といった面があると考えていいのでしょうか。

安田　はい、そうですね。死者儀礼を含めた「禮」と、それから「樂」の立て直しです。

釈　儒教で考える「儀礼」は、人知を超えたもの・人間を超える存在への祈りが中心なのですか。

安田　はい。『儀礼《ぎらい》』という経書には結婚式や成人式などの儀礼が載っていますが、そのような通過儀礼を保証するのが先祖の霊なのです。

釈　主に祖霊なんですね。それは今日的にいっても、宗教だと捉えることができます。そこに儒教の宗教性があるわけですね。祖霊への儀礼において、鎮魂や招魂などといった概念も混在していることでしょう。

安田 はい。

釈 それに関して『論語』ではどのように語られているのでしょう。

安田 儀礼としての鎮魂や招魂に関しては、あからさまには語られていませんが、孔子自身も先祖の霊（鬼神）は大切にしています。古代の聖王である禹《う》を評した文の中に「孝を鬼神に致し」（泰伯篇二一）というのがあります。生きている親だけでなく、死んだ親、祖先に対しても最大限の孝行をするんです。

ただ、直接それと関係をもってしまうのは危険だとも思っていたようです。直情径行の愛すべき弟子の子路《しろ》が「先祖の霊（鬼神）に仕える方法を知りたい」と孔子に迫ったときに、孔子は「人に仕えることもできないのに、先祖の霊などに仕えることができようか」と諭します。先祖の霊に対する孔子の基本的な態度は「鬼神を敬して遠ざく」です。

また、白川静先生などは孔子自身が葬礼の……。

釈 葬礼を担当する家の生まれだと……。

安田 はい。そういう説もありますね。

日本は「戒律嫌いの儀礼好き」

安田　『論語』の中では、やはり葬礼は重視されています。今回、『論語』の中の葬礼に関する章をまとめてきました。

釈　ありがとうございます。それは嬉しい。

安田　葬礼を表す漢字は「葬」と、もうひとつ「喪」があります。「喪」は「喪に服する」のような意味で使われることが多いのですが、葬礼という意味もあります。

で、「喪」がどういうキーワードと近接しているかを見てみると、やはり「哀《かな》しむ」が多いですね。同じような意味で「戚《せき》」も使われています。

釈　葬・喪・哀・戚ですね。

安田　はい。葬礼の本質は「哀しむ」こと。そして、もうひとつは儀礼の大切さです。孔子は「親が生きているときには『禮』で仕え、亡くなったら『禮』で葬り、霊となってからは『禮』でお祭りする」（為政篇五）と言っています。

金文には「享孝」という言葉があります。「享」は金文では饗宴という意味で使われますし、「孝」の下の「子」が「食」になっている文字もあります。饗宴によって先祖の霊を養う、それが「孝」のもとの意味でした。

釈　東アジアの仏教は「法要を重視する」ところに特徴があります。そしてその法要からさまざまな文化も生まれてくる。そこから類推しますと、東アジアの宗教性は、信じているる信じていないといったことよりも、儀礼という行為に宗教の本質があるという感覚をもっているんじゃないでしょうか。

そこにキリスト教思想やキリスト教文化がやってきて、「確たる信仰こそ宗教」のイメージが展開される。すると「じゃあ我々は無宗教なんだ」となる。そんな図式があるかもしれませんね。でも、儀礼を営むところに宗教性を見るならば、無宗教どころか過剰なほど宗教が溢れています。儒教の宗教性について考察する場合も、そのあたりにテーマがあるでしょう。

仏教でいうならば、日本は「戒律嫌いの儀礼好き」だと感じますよ。仏教の戒律体系はあまり機能しない、でも儀礼に関してはものすごく発達させてきた。

安田　たしかに。これはとても面白いですね。

釈　儀礼を営むことによって、とても成熟した宗教領域を展開してきた。また、儀礼を通して、その場その場に心身をチューニングする宗教性を育んできた。信じる宗教じゃなくて、感じる宗教といったところです。

また、東アジアで儀礼中心の仏教が発達したのは、儒教の影響が大きい可能性もありま

ご購入、誠にありがとうございます。
ご感想、ご意見をお聞かせ下さい。

① この本の書名

② この本をお求めになった書店

③ この本をお知りになったきっかけ

④ ご感想をどうぞ

＊お客様のお声は、新聞、雑誌広告、HPで匿名にて掲載させていただくことがございます。ご了承ください。

⑤ ミシマ社への一言

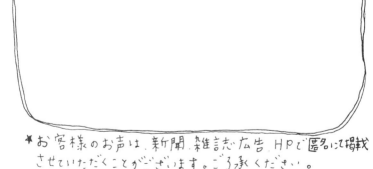

恐れ入ります
切手を
お貼り下さい

602-0861

京都市上京区新烏丸頭町
164-3

株式会社ミシマ社 京都オフィス
編集部行

フリガナ

お名前　　　　　　　　　　　　男性．女性　　　歳

〒

ご住所

（　　　）

お仕事．学校名

メルマガ登録ご希望の方は是非お書き下さい。

E-mail

※携帯のアドレスは登録できません。ご了承下さいませ。

★ご記入いただいた個人情報は、今後の出版企画の参考として以外は利用致しません。

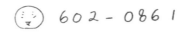

す。なにしろもともとの仏教は反儀礼の立場だったのですから。

安田　え、そうなのですか。仏教というと儀礼のイメージがありますが。

釈　仏教が成立する前提となったバラモン教が儀礼中心の宗教なんです。これに対して仏教は「儀礼で救われるのではなく、智慧《ちえ》によって解脱《げだつ》するのだ」という立場をとります。バラモン教へのカウンターですね。

安田　そうなのですか。

釈　とはいえ、仏教という宗教が体系化され、人々に土着する過程で、儀礼は発達していくのですが。

法要は「勤行」「説法」そして「共食」で成る

釈　また、仏教儀礼でいいますと、声明《しょうみょう》や説法を土壌として、多くの音楽や芸能が……。

安田　説法も儀礼なんですね。

釈　「法要の要素」として捉えるならば、高い儀礼性をもっています。

　東アジアの仏教では、正式な法要には二つの要素が必要となります。一つは勤行《ごんぎょう》です。経典を読誦《どくじゅ》する、表白《ひょうびゃく》、講式、祭文などが勤められます。こちらは前近代の音楽や発声法の基盤となりました。梵唄《ぼんばい》や声明と呼ばれるメロディーや節や抑揚です。

安田　はい。

釈　もうひとつは、説法です。これは、勧化《かんげ》・講釈・講談・法談・説教・唱導などとも呼ばれます。いずれも仏法を説き、伝えるという行為です。

勤行のパートと説法のパートの両方がそろって正式の法要として成立します。

安田　おお、そうなのですか。

釈　日本の法要文化って、なかなかたいしたものなんですよ。そこへ身をおくことと、信仰のあるなしは、少し異なります。行為の問題と内面の問題ですね。

近代をリードしてきたキリスト教プロテスタンティズムは、どうしても内面重視の傾向があります。そういった宗教性と、日本の前近代の宗教性とはぴったり一致しないでしょう。どちらが良い悪いといった話ではなく、宗教のタイプの違いです。

安田　それは面白いですね。

釈　ついでに言いますと、私は「第三のパート」があったと捉えています。それは、法要終了後の娯楽会やお食事会です。

ご存じのように、大きな法要は終了後に延年《えんねん》が開かれました。僧侶が寸劇をやったり、子ども（稚児《ちご》）が歌を歌ったりしました。能狂言の源流のひとつですよね。

法要後に芸能を楽しむという営みは重要だと思います。今日でも、法要後に落語を聞いたりするお寺はけっこうあります。また、法要後にみんなで食事をする。共食行為です。これらを総合して法要文化なのだと思います。

葬式を描いた映画コレクション

釈　そんなわけで、しばしば「儒教には儀礼はあるけれども、宗教はない」と評する人がいるのですが、「いやいや、これぞ東アジアの宗教」ともいえるのではないでしょうか。とくに死者儀礼の問題は重要です。

あの、僕はお葬式を描いた映画をたくさん集めるのが好きなんです。

安田　そうなんですか。

釈　はい。ときどき自分のコレクションを寺子屋で観てもらったり、講義で学生に観せたりしているんです。東アジアのものであれば、たとえば張芸謀《チャンイーモウ》監督の『菊豆《チュイトウ》』（一九九〇）。

安田　はい。

釈　一九二〇年代の中国の様子を描いた映画なんですけど、お葬式の場面があって。もちろん儒教の死者儀礼なんです。

自分のお父さんの葬式を出すんですが、お家から出棺するときに、息子夫婦が必死になって出棺を止めようとするんです。しかし、出棺役の人たちは、それをバーンと払いのけます。蹴《け》ったりするんです。それで、ゴロゴローッと地面に転がされて、泥まみれになって。それでも、何度も何度も食らいついて、出棺を止めようとするんです。そして、それをジーッと近隣の人は見ているんですよ。

つまり、そこでどれだけ頑張ったかが、親孝行の証《あかし》なんですね。出棺を押しとどめようとする態度があまり淡泊だと、「あ、この息子は親不孝モンや」と言われるから、もう命懸けでやる。これなどは、儒教の孝の思想をベースにした死者儀礼だと思われます。もちろん、きちんと死者を祀る、祖霊を祀ることが重要になります。

台湾の映画に見られる道教の死者儀礼もじつに興味深いです。また、韓国は中国以上に儒教を軸とした死者儀礼を営みます。

安田　韓国の儒教って徹底していますよね。

釈　韓国の『祝祭』（一九九六）という、お薦めの映画があるんです。これは伊丹十三《いたみじゅうぞう》の『お葬式』（一九八四）の韓国版といったおもむきです。

主人公の母の葬儀が主旋律なんですけど、どういう手順があるのか克明に映していくんです。都会で暮らしている主人公は、田舎の母の訃報を聞いて、妻に貯金をおろすように命じます。妻が「どのくらいおろすのですか？」と尋ねると、「全部おろせ。金はこういうときのためにあるんだ」と言うんです。そして、何日も死者儀礼にかかりっきりになります。しかし、年長者は「最近はお葬式が簡略化されてしまって嘆かわしい。それがいまの社会が歪んだ元凶だ」などと語ります。

どれほど儒教の死者儀礼が煩雑で大変だったかがわかりますね。もちろん、仏教や韓国の土俗信仰も混入している儀礼なのですが。映画としてもよくできています。お通夜に賭博やるんですよ、徹夜で。その賭け金は喪主がもつんです。

お葬式はできるかぎりのことをせよ

（この対談のために、安田が『論語』の中から葬礼に関する章句を中心にまとめたものを眺めながら）

釈　今回、挙げていただいたこの『論語』の文章などは、それぞれお葬式の場面なんでしょうか。

安田　お葬式の「場面」だけではありませんが、お葬式に関するものを集めました。これは先ほどもお話ししたものですが、この章句では、お葬式に大切なのは「禮」だといっています。

子曰、生事之以禮、死葬之以禮、祭之以禮、（為政篇五）
子の曰《のたま》わく、生けるにはこれに事《つか》うるに礼を以てし、死すればこれを葬《ほうむ》るに礼を以てし、これを祭るに礼を以てす。

釈　そうか、「禮をもって祭る」ですか。

安田　はい。葬礼のときにも、それから亡くなったあと祖霊となった方を祀るときにも「禮」をもってしなさいと書かれています。また、こちらのほうは、悼《いた》みかなしみなさいと言っています。

喪與其易也寧戚、（八佾篇四）
喪《も》は其の易《おさ》めんよりは寧ろ戚《いた》め。

安田　いまの章句では「戚」の字が使われていますが、次の章句では同じ「かなしむ」でも「哀」という漢字が使われています。どちらも葬礼ではかなしまなければ意味がない、と。

臨喪不哀、吾何以観之哉、（八佾篇二六）
喪《も》に臨《のぞ》みて哀《かな》しまずんば、吾れ何を以てかこれを観んや。

釈　喪に臨む際には「かなしむ」ことが重要。

安田　また、これは、お葬式のときには孔子はお腹いっぱいまで食べなかったと書いています。

子食於有喪者之側、未嘗飽也、子於是日也哭、則不歌、（述而篇九）
子、喪《も》ある者の側《かたわ》らに食すれば、未だ嘗《かつ》て飽《あ》かざるなり。子、是《こ》の日に於《お》いて哭《こく》すれば、則ち歌わず。

釈　喪において、食べられず、哭《な》いて、歌わず……。

安田　悲しんでいると、あまり食べられなくなりますものね。

釈　お葬式の場面で、あんまりパクパク食べたら、あいつ悲しくないのかって思われるかも。

安田　そうですね。

釈　そこに集う人たちに見られるという意識も、儀礼作法の中に組み込まれているのでしょうか。

安田　なるほど、そうですね。喪主がパクパク食べているのを見られたらちょっと変ですものね。こちらのほうでは「不敢不勉／敢《あ》えて勉めずんばあらず」（子罕篇一六）。もうすっごく一生懸命やる。葬式に関しては、自分ができる限りのことをせよと言ってます。先ほどおっしゃられていた韓国映画の『祝祭』のようですね。

釈　本当ですね。

能は芸能の中に潜む宗教性を決して手放さない

釈　この「禮」の先には、「樂」が出てくるのですね？

安田　はい。「禮に立ち」のあとに「樂に成る」があります。

釈　そこをぜひお聞きしたいのですが、すでにいとうせいこうさんとお話しされたあとなんですね、残念。しかし、やはり興味深いものがあります。

先ほど、法要文化のところで「第三の要素」についてお話ししました。つまり、勤行・

説法のあとに行われる芸能的要素やアート的要素です。延年は能楽の源流のひとつだといわれています。また能楽の場合は、さらに勧進劇（寄付行為を促進するための芸能興行）の性格にも展開していきます。

安田　はい。江戸時代には勧進能という、千人以上もお客さんが入る能の催しがあったようです。昔の演能の絵などを見ると、お客さんは飲み食いしながら能を観ていますしね。また、本来、山伏の芸能である延年も能の中に取り入れられていますし、法事である大念仏なども入っています。それもモドキのような格好で。能の中では念仏が法事というよりはエンターテインメントになっています。

釈　能は現役の舞台劇としては世界最古だそうですね。なぜ能がこれほど続いているのか。それは能が核となる宗教性を手放さないからではないかと思います。

宗教の場は三層か四層構造になっていて、核に宗教性があり、その周りに儀礼があり、そのまわりに儀礼に関わるイベントがあり、その周りに参加者や観客がいる。しかし、どれほどイベント部分を拡大したり華やかにしたりしても、核の宗教性が枯れれば、やがて消えてしまいます。

能は芸能の中に潜む宗教性を決して手放さない。だからこそ芸能としての魅力を発揮し続けることができるのではないでしょうか。

そのあたりの感性で『論語』を読むと、じつにしっくりきます。『論語』の宗教性が見えてくる気がします。

『礼記』が有名なのは、いちばん面白いから

安田　アートも汲み入れた儀礼の場をクリエイトするのが僕たち日本人の宗教性で、それで『論語』の宗教性を考えるとしっくりくるというお話はとても面白いですね。

五経のひとつに「禮」があります。高校などでは五経の礼というと『礼記《らいき》』だと教わることが多いのですが、『礼記』はどちらかというと注釈書的性格の強い本で、礼の基本書は『儀礼《ぎらい》』です。漢の時代くらいまでは、礼といえば『儀礼』を指していました。この『儀礼』がいまおっしゃったアートを含めた儀礼の本なのです。

しかし、この本は儀礼の手順やアイテムなどが詳細に記してあって、読みものとして全然面白くないので、あまり読まれていません。礼には『儀礼』『周礼《しゅらい》』『礼記』の三礼がありますが、『礼記』がいちばん有名なのは、『礼記』がいちばん面白いからなんです。

釈　そうなんですか。

安田　はい。「男女七歳にして席を同じゅうせず」とか「弱冠」（二十を弱と曰《い》いて冠す）

などは『礼記』の中の言葉です。ほかのふたつ『周礼』と『儀礼』は、礼に特別な興味がない方が読んでも全然面白くない。

死者とのコミュニケーションを人間関係に応用する

安田 そもそも「禮」は先祖の霊といかにコミュニケートするか、そのための技法でした。で、そんな非在の存在である先祖とコミュニケートできるんだったら、それを人間にも応用したらいいんじゃないか、というのが、いま僕たちが使う「禮」です。

釈 もともとは祖霊とのコミュニケーション技法だったのですね。

安田 はい。さきほどの三礼のうち『礼記』は、どちらかというと人間関係の「禮」、コミュニケーション方法が中心に書かれているので、わかりやすいんです。

しかもなかなか細かいことも書かれています。たとえばご飯を食べるときには、椅子に浅く腰をかけ、人と話をするときはゆったりと座るといい、みたいなことも書かれています。

釈 死者とのコミュニケーションが先立っていて、それを人間関係に活用するわけですね。非存在者とコミュニケートできるようになれば、存在者とのコミュニケーションなんて楽勝ですよ、ってことでしょう。そんなの、ちょっと、考えられないような理屈じゃないですか。

安田　はい。

釈　なにしろ現代人の苦悩の大半は人間関係ですから。

安田　たしかにそうですね。

釈　これは使えるかもしれないなあ。人間関係に熟達するためには、まず死者とコミュニケートしよう。

安田　本当ですね。ははは。

釈　そこから始めろ。なんかイケるような気がする……。

『周礼』は官僚システムの組織論

安田　三礼のもうひとつの『周礼』は、その方法論をシステムとして使うと共同体のコントロールも簡単じゃんってことで、いまでいう官僚システムというか国家システムというか、そういうものを提示します。

基本的には組織論なのですが、それを天地や四季と関係づけているのが面白いです。しかも、かなり具体的に、長官は誰で、下に何人いるとか、そういうことを書いてあるのが『周礼』という本です。

釈　はい。

安田　そして、もっとも基本の『儀礼』というのは、主に士《し》と呼ばれる人たちの儀礼の具体的な方法が書かれています。「士冠礼」という成人式から始まって、結婚式もありますし、お酒を飲む式もあるし、もちろんお葬式もありますし。

釈　なんだかユダヤ教の「レビ記」みたいですね。

安田　おお、なるほど。『儀礼』に書かれている方法もとても具体的で、何回礼をするとか、西の階段から上るとか……。

釈　同じだ。「レビ記」でもそのあたりはすごく厳密に書かれています。幅どのくらい、高さどのくらいの祭壇を作って、などと細かいんですよ。親族関係の中で、どこまで性行為は許されるのか、とか。

安田　そうなのですね。世界最古の文字といわれるシュメール語で書かれた儀礼文書というのもあって、これも「レビ記」のようにかなり細かく書かれています。シュメールからアッカドに引き継がれ、それがユダヤ教にも引き継がれたのでしょうか。アッカド語とヘブライ語は同じセム語系の言語ですし。

テンポラリーな聖域をクリエイトする

安田　そして『儀礼』のほぼすべてに入っているのが、先ほどのお話に出た音楽なのです。そして、先生がおっしゃって、おお、なるほど、と思ったのは、説法に近いことも入っています。正確にいうと説法というほどちゃんとはしていないのですが、やはり何かを「言う」、それが大事なんです。

釈　そうなんですか。

安田　はい。ただ粛々と儀礼を遂行するだけではなく、やはり何かを言います。

また、先ほどの場のクリエイトの話なんですが、甲骨文などを見ると殷の時代の祭祀の場も、テンポラリーなもの、仮設だったようです。日本の神籬《ひもろぎ》もそうですね。占いをして儀礼の場を決める。そのテンポラリーな神域を表すのが「土」という漢字で、これがのちに示偏がついて神社の「社」になったり、そこに依代《よりしろ》としての木を植えると「封」という字になります。

そして、やがてそれが固定化されていき、「堂」、霊廟《れいびょう》ができていきます。「堂」という漢字の上にあるオバQの毛のような三本線は神気の漂うさまを表すともいいます。いまの学校の講堂も、この霊廟の形、すなわち儀礼をする場所がもとになって作られていますが、もともとはテンポラリーな聖域をクリエイトして、そこから儀礼が始まったようです。

釈　毛の三本線は、何か普遍性はありそうだと思っていました。温泉マークとかも、どこか怪しげですから。

安田　たしかに。日付を含めて儀礼に関することの多くは占いで決められ、もしその日がダメだったら次の十日を占うとか、すごく細かく決まってるんです。

釈　そのような細部にわたる規定とともに、それにともなう心のあり方みたいなものは述べられていないのですか。

安田　心は全然書いてありませんね。

釈　そうか、そうなのですね。

安田　この『儀礼』という本は、さまざまな儀礼のマニュアルですね。

3　宗教は「衣食住」すべてをあつかう

孔子の「樂」はジャズのアドリブに近かった

釈　江戸時代に生まれ、わずか三十歳ほどで早逝《そうせい》した町人学者・富永仲基《とみながなかもと》が『楽律考《がくりつこう》』という本を書いています。戦後にその内容が明らかになりました。

安田　あ、その本もっていますがちゃんと読んでいません……。

釈　いま、全文が読めるようになっています。それを読みますと、本来の儒教の「樂」のあり方は、荻生徂徠《おぎゅうそらい》が主張しているような中央集権的なものじゃないんだ、もっとフリーハンドなものだし、もっと人々のかなしみに関わるものだと述べています。そこはいかがでしょうか？　本来の「樂」とは、やはり儀礼の場で営まれるものであると『論語』では語られているのですか？

安田　このお話は面白いですね。まずフリーハンドのお話からしますと、孔子が自国の魯

の国の音楽の長官に楽の構造を話している章（八佾篇二三）があります。それによると、

最初は「翕如《きゅうじょ》」で始まり、

それから、これを受けて「純如《じゅんじょ》」になり、

やがて「皦如《きょうじょ》」になり、

そして最後に「繹如《えきじょ》」となって完成する、

というのです。

最初の「翕」というのは、鳥がいっせいに飛び立つさまを表す漢字です。すべての音がいっせいに鳴る。西洋音楽でいえば「tutti」です。

これで思い出すのは、ヴィルヘルム・フルトヴェングラーの『運命』（ベートーヴェン）。ベルリンフィルの指揮者だった彼が、ナチスとの関係で公職追放になり、他国のオーケストラを振ったときに、そのオケもすばらしいんだけれども、「ワインのコルクを抜いたような音だ」と言ったらしいんです。みんなが完璧に合っていて気持ち悪い。彼が期待したのは、ザザザッ！　という入り方。まさに群鳥が羽ばたくような「翕如」という入り方です。

次の「純」は、「まじり気がない」という意味。ザザザと入った楽団が、徐々に一体化してきて、完全にひとつの音になる。それが「純如」です。

その次の「皦如」の「皦」は面白い漢字で、意味としては「はっきり」と、「白く輝く」ですが、この字から「白」を取った「敫」は白骨化した屍《しかばね》を鞭で打つさまで、死者の呪霊を刺激して、他の者を呪ったりする意味になります。かなり激しい文字です。これにさんずいを加えた「激」は「はげしい」という意味になりますが、これはもともと水を堰《せ》き止めることによって、水流をより激しくすることをいいます。

ですから「皦如」というのも、先ほどの「純如」のようによどみなく流れ始めた音楽を一度、堰き止めることによって、それに反発する力を利用して、より激しい音楽にする。堰き止められた水が洪水となり、また濁流となるように、音としても、また音楽的な要素としてもいろいろなものが混じり合った激しいものになります。しかし、逆説的にも聞こえますが、それによって音楽は、よりいっそうはっきりと輝く（皦如）ものになります。

そして最後が「繹如」です。「繹」の右側の「睪」というのは獣の屍体で、「繹」は、その屍体が風雨にさらされて、ほぐれるように解けることをいいます。混じり合った音楽が徐々に解けていき、大団円に向かう。さまざまな動機や主題、さらには変奏が解決していき、終局に向かっていく。

それを孔子は「成る（完成する）」と表現しています。

孔子の音楽論はまさにこれで、この「翕如」「純如」、「皦如」「繹如」だけを体得しておき、あとはフリーハンドで自由に演奏する。通奏低音による演奏やジャズのアドリブに近い。それが孔子の「樂」でした。

孔子が重視した「自分を傷めずに悲しめる曲」

安田 また、「かなしみ」の話をしますと、『詩経』の冒頭に置かれる「關雎《かんしょ》」という曲があります。これは孔子がもっとも重視した曲のひとつです。孔子はこの曲を評して「楽しみて淫《いん》せず、哀《かな》しみて傷《やぶ》らず」（八佾篇二〇）といっています。人は悲しむと、それによって自分を傷めてしまうことがあります。で、自分を傷めてしまうと、心身の苦しさによって、純粋に悲しみに浸《ひた》ることができなくなります。「關雎」は、自分を傷めずに悲しめるので、純粋な悲しさを感じることができる、そんな評です。

しかも、この「關雎」は儀礼の中でよく使われています。「關雎」だけでなく、『論語』の中の「樂」はほとんどが儀礼の「樂」だと思っていいと思います。『儀礼』という本の中では、どこでどんな音楽を演奏するかが詳しく書かれていますが、しかし『論語』の中ではそのような書き方はあまりされていません。

もし、好きな地位を与えられたら、何をするか？

安田　宗教儀礼としての樂ですが、『論語』の中に「舞雩《ぶう》」という語が二度出てきます。この「舞雩」というのは雨乞いの祭りをするときの石舞台ではないかといわれています。

孔子が弟子たちに「普段お前たちはいろいろ言うけれども、もし、好きな地位を与えられたら、何をするか？」と尋ねます。弟子たちは、自分はこんなことをしたい、あんなことをしたいと、主に政治的なことを言うのですが、ひとり何も言わないで瑟《しつ》を弾いている曾晳《そうせき》という弟子がいます。

孔子が「お前はどうか」と尋ねると、彼は「自分はほかの人たちのとは違うので」と言いよどむのですが、孔子が「かまわないから言ってみよ」と促すと彼はこう言います。

莫春者春服既成、得冠者五六人童子六七人、浴乎沂、風乎舞雩、詠而歸、（先進篇二六）
莫春《ぼしゅん》には春服既に成り、冠者《かんじゃ》五六人・童子《どうじ》六七人を得て、沂《き》に浴し、舞雩《ぶう》に風《ふう》して、詠じて帰らん。

春の暮れに「春服」を着て、成人五、六人と、童子六、七人を連れて沂水で「水浴」をして、そしてこの舞雩で「風して」、それから詩を「詠じて帰る」と。

現代日本語に訳すと「雨乞いの台のあたりで涼みをして、詠いながら帰ってまいりましょう」などとなってしまいますが、そんなのんびりしたものではありません。「春服」というのは儀礼の服装ですし、「舞雩」も雨乞いの石舞台です。そして「浴」「風」「詠」「歸（帰）」というのも、みな宗教儀礼の用語です。

「浴」というのはただ水浴びをするだけでなく、身を清める儀礼です。キリスト教でも洗礼をしますし、神道でも禊《みそぎ》をします。仏教には灌頂《かんじょう》がありますでしょう。そして金文にはこのような文字があります。

これは「盤《ばん》」という大きな水盤の青銅器の中に人が入っている姿ですが、おそらくただの水浴びではなく血の中で禊をしている姿ですね。
また、「風」も、ただ「涼む」のではありません。いまの「風」の字は「凡《はん》」プラス「虫」ですが、「虫」はもともと鳥で「凡」と「鳥」、すなわち「鳳《ほう》」なんです。

釈　はい。

安田　で、上の「凡」というのは「凡（槃《はん》）祭《さい》」という祭りがありまして、「茅《ちがや》」を持って、鳥のように舞います。そうすると、風を招いたり雲を招いたりもできる雨乞いの舞です。「茅」は易の筮竹《ぜいちく》の材料でもありますし、聖なる植物です。

釈　儀礼の服装を身にまとい、雨乞いの儀式を行い、易や詩を……。

安田　はい。そして「詠《えい》」は、そこで、詩《うた》を詠じます。「詩」には「興」という日本の「枕詞」に当たるものがあって、これがすべて宗教儀礼と関連しているんです。ですから、詩を詠じるというのは、そのような宗教歌を詠いながら、そして「帰る」となるのですが、ここで帰っちゃあいけない。

「帰」の字はもともとはこう書きます。

右側は箒《ほうき》を立てた形です。

釈　そうですね。

安田　これに「女」をつけると「婦」という字になりますが、この「婦」というのは「巫《ふ》」と音系が同じですし、「舞」とも同じなんです。で、左側は「追」と同じで「行く」とか「来る」とかいう意味。もともと神様や先祖の霊が、家にやってくることが「帰《き》」です。

釈　そうなんですか。

安田　ですから彼は、雨乞いの石舞台である舞雩で、儀礼の装束を着て、禊をして、詩を詠じながら雨乞いの舞を舞って、霊をここに呼ぼう、ということを言っていると思うのです。それまでの三人は政治的な話をして、彼だけ突然そんなことを言い出したのですが、孔子は「私もそれがいいな」ってことを言うんです。

釈　おお、孔子も共感したんだ。

渡来系の人たちが機織りを伝えた

釈　質問ばかりして申し訳ないのですが、先ほど「春服」のお話があったでしょう。儒教の禮のなかで染織なんかは出てこないですか？　機織《はたお》りとか。あるいは相撲《すもう》とか。星の動きとか……。

安田　『論語』の中には、星の動きに関していうと、無為の政治の比喩として北極星の話が出てきますが、星の運行がどうのこうのという話は出てきていませんね。また、服装の話は出てきますが、染織や機織りの話はありませんし、相撲もありません。孔子よりあとの漢の時代には相撲の絵が出てきますね。

釈　ああ、そうですか。日本の宗教儀礼にはいずれも重要な要素なんですよ。機織りに関しては、渡来系の人たちが担っていた宗教性だと思うんですけど……。

安田　おっしゃるとおり、機織りは渡来系の人たちのものですね。能にも『呉服《くれは》』という演目があります。この演目に出てくるのは「呉織《くれはとり》」と「漢織《あやはとり》」という姉妹の霊です。たぶん「呉織」というのは南方系の服飾を伝えた人たちの象徴で、「漢織」というのは北方系の服飾を伝えた人たちの象徴じゃないかと思います。

『論語』のいまの章句でも「春服」と言っていますし、周の時代の金文でも王が臣下に織物や服飾に関するものを贈っていますから、儀礼における服装の重要性ということはうかがえると思います。また殷末、周初にあった王の執り行う「衣祀」という祭礼がありますが、これは衣に関する祭礼だと思われます。詳細はわからないのですが即位に関連する祭礼だと思われ、そうなると大嘗祭《だいじょうさい》の小忌衣《おみごろも》や真床覆衾《まとこおうふすま》との関連も気になるところです。

腰に巻く一本の紐にも宿る宗教性

釈　宗教学だと、そういった儀式用の服装や小物類の様式まで、儀礼の範疇《はんちゅう》に入れて考察します。建物の様式もしかり。どれも、宗教的象徴が意匠として組み込まれています。また、宗教的な場を生み出すための仕掛けでもあります。

私、服飾がもつ宗教性については、現代人がもう一度考えなければいけないと思います。

安田　はい。

釈　そもそも、衣文化と宗教は密接です。聖職者が着るための衣装であったり、儀礼用の衣装であったり、また同じ信仰をもつ人々が共有する衣装であったり、民族衣装の起源が宗教を基盤としていたりと、調べてみるといろいろつながっています。死者だけに着せる衣装があったりもしますね。仏教の袈裟《けさ》とか、ユダヤ教のキッパー（男性がかぶる帽子のようなもの）やタッリート（礼拝時などに男性が着用する布製の肩掛け）とか、イスラムのブルカやチャドルなども目にします。儒教や道教の服装もすごいですよね。

そもそも人間社会にとって、どのような服装で生活するかは、とても大きな意味をもっています。服装は内面の表現でもある。服装によって、自分はこういう人間ですよ、と主張する。

文化人類学的に衣文化を見れば、紋様のデザインなどもとても宗教的です。たとえば、渦巻き模様は神秘的な力があるとか。宗教的記号性とデザインの関係。そのあたりも、我々の宗教を考えるうえで、見落としがちなところです。

安田　中国ではとくに殷の時代の模様がすごいですね。

釈　模様がすごいとは？

安田　饕餮《とうてつ》という怪物がいて、この怪物の模様、饕餮文が殷代から周代にかけて青銅器に彫られています。彫られているというよりも立体的な模様です。能の装束もとても立体的ですし……。それがだんだん平面的になっていきます。

釈　そうですね、能の装束はとても立体的だと感じます。でも、殷の時代ではとても立体的だったものが、次第に平面的になっていくのですか。知らなかった。何かエポックメイキングがあったのでしょうか。

安田　おそらくそうですね。文字の発明によって、具体から抽象に変わってきたのではないかと思うのです。

饕餮文

釈　最近、京都の帯屋さんとお話をする機会があったのですが、その方も紋様の宗教性に注目している人でして。服飾の紋様について世界中あちこちまわって調べているみたいなんです。たとえば、暑い国だと小さな子どもなどは丸裸で暮らしていますよね。でも、まるっきりの丸裸っていうのはあまりないんですって。紐《ひも》を一本、腰に巻いていたりするらしいです。

紐を巻いているだけだから、服としての機能は果たしていないですよね。でも、腰に巻いておく。それはある種の呪術性だろうと言っておられました。子どもが病気にならないようになどといった願いが、その紐にはあると。また、それは人間としての境界のようなものじゃないかとも思うんです。紐を一本身にまとうだけで、他の生物との境界が生じる。そんな記号であるのかもしれません。

安田　おお、なるほど。

「食」や「住」も宗教の体系の一部

釈　服装の宗教性ひとつとっても、いろいろあります。宗教といえば、○○教や××宗の信仰などとイメージされがちですが、思想や文化はもちろんのこと、政治・経済・法律・

衣食住など広範囲にわたる総合的な体系です。それぞれのコンテクスト（文脈）によってかなり様相が異なるので、宗教全般を言い表すことはできません。

それで、もちろん「食」に関する宗教性もあるわけでして。食のほうはいかがでしょうか。

安田　はい。『儀礼』という本の中でも、食はとても丁寧に扱われていて、何の儀礼のときにはどのようなものを並べるかということが詳細に書かれています。

釈　では、「住」はいかがですか。たとえば、家に火災除《よ》けや魔除けのデザインが施されるなどは、多くの文化圏で見ることができます。日本家屋にもあります。

日本の家に仏壇や神棚があるのは大きな特徴ですね。かつての日本の家だと、いちばん風通しとか日当たりがいいところに仏間を設けていました。家の設計を、まず仏間はどこにするか、から始めたりしていたんですよ。仏間や座敷中心の家。それで居間や台所はけっこう薄暗くてジメジメしたところになってしまったりして。

安田　なるほど。

釈　現代人はそんなことはしませんけども、いまでもそういう住環境のお宅はかなりあります。伝統的な建築法が盛んな地域へ行くと、そんな感じですよ。昔と違って、居間やキッチンは便利よくなっていますが。

それに、部屋と部屋の仕切りが、壁じゃなくて建具《たてぐ》でしょう。そういった住空間の特性と、そこに暮らす人たちの感性は関係すると思います。建具で仕切ると、風通しもいいでしょう。風土や気候の問題もありますね。そして、取り外しができるので、ときには大広間として使うことも可能。親類が大勢集まったりするので、そういう空間が必要なんですね。法事や結婚式も、かつては自宅の座敷でしていましたから。

そこのお寺の住職が、一番いい声を出す

釈　この住環境は、アートや音楽にも関わってきます。お寺の木造の本堂は、畳や板張りでしょう。キリスト教の教会のような石造りとは異なるわけです。教会の中で発達してきた発声方法と、本堂で発達してきた発声方法も違うんですね。

教会は反響がいいので、喉《のど》を大きく開けて、クリアな一音を発する。本堂は柔軟な素材なので、もっと身体を振動させるような発声になります。この本堂の発声方法が、日本の伝統芸能の発声方法の基盤になっています。

先年、このような「宗教施設と発声方法」の関係を研究するプロジェクトに参加しました。文部科学省の科学研究費をもらって、機材を持ち込み、どんな響きになっているか、またそれを聞く人はどのような音を心地よいと感じているか、などを測定するんです。い

くつかの本堂と、能舞台などでも測定を行いました。すると、やはりそこのお寺の住職が、一番いい声を出すのです。

安田　へぇー。

釈　おそらく、毎日、そこの本堂で読経しているために、その場の一番よい声を出すことができる。無意識にそれが身に備わっているんですね。住環境と人間の身体がシンクロしているんですよ。

安田　あー、そうなんですね。

釈　声楽の人が来ても、声明の先生が来ても、その場でもっとも心地よい声を出すのはその寺の住職。声量や節まわしなどが熟達していることと、心地よい声はまた別ものなのでしょう。

家は半分、死者のためのもの

安田　古代メソポタミアの家が発掘されているのですが、中に祭壇があって、この祭壇が、家そっくりなのです。

釈　へぇ。

安田　で、最初は祭壇が家（住居空間）を模したのかとも思ったのですが、でもこれは逆で、祭壇を模して家を作ったのかもしれないと思って……。僕たちの家だって、ただ住居だったら、屋根があって壁があればいいのに、わざわざ祭壇のように装飾をするのって考えてみたら変ですよね。

釈　はい、そう思います。やはり「家」というのは、生きている人間だけのものじゃない。半分は死者のため、あるいは半分は神のため。死者とともに暮らす、神とともに暮らす、それが人間の「家」の源流じゃないでしょうか。

人類が人類として成り立つプロセスにおいて、宗教的営みは大きな要因となりました。死者とともに暮らす感覚が、家の概念をつくり上げてきたのかも。

安田　「宀（うかんむり）」は「家」という文字につくので「家を表している」といわれますが、あれはただの家ではなく、先祖の霊が降臨する廟堂《びょうどう》です。文字というのは聖なるものだったので、日常の住居空間だったら、わざわざ漢字にする必要はなく、霊に関わる廟堂だからこそ文字にする必要があったのでしょうね。もともと屋外にあった能舞台は明治になって屋内に入りますが、屋内に入っても屋根はある。あれは能舞台が聖なる空間だからではないかと思っています。

日本も、縄文遺跡などでは、お墓は街はずれじゃなく、土地の一番いいところに作って、お墓のまわりに家を建てますものね。

釈 そうなんですよ。集落の真ん中にお墓を設定しています。時代が下るにつれて、集落のはずれへと移動していく。

安田 はい。

釈 そこはお墓であるとともに、宗教儀礼の場でもある。シャーマンが神がかりになる舞台だったりして。

安田 あ、なるほど。そうですね。

釈 ときには芸能の場となる。

安田 おお、そうですね、そうですね。

釈 そこに集う人たちが観客になれば芸能の発生です。

しかし、次第に集落から死者が排除されていくんですね。それが極端になったのが近代の都市です。それまでの墓地は、集落のはずれに位置するものの、微妙な距離を保ってきたようです。集落と墓地の距離は、黄金率みたいなのがあるそうですよ。中沢新一先生がおっしゃっていました。日常の隅っこに置かれるものの、意識しながら暮らす距離があるんですって。それが近代成長期になって崩れてしまったそうです。

4 「わからないもの」に自分を合わせる力

「場を感知する能力」が枯れてきている

釈　日常から死者を排除することで、宗教性のみならず、芸能の本領もそこなわれてしまうのかもしれないですね。

もともとは、我々の衣食住・日常生活のあらゆるところが見えない世界へとつながる回路をもっていた。そして、そういう扉を感得するのは、東アジアの宗教お得意のことだったのでしょう。だからこそ儀礼を重視してきた。

安田　たしかにそうですね。能でも、亡き人の衣を着ると、その衣の持ち主に憑依されてしまいます。「げに思い出は身に残り」と能では謡います。日本語では表層の身体のことを「からだ」といい、深層の身体のことを「み」といいます。「からだ」は殻で、「み」は実です。死者の記憶をもつ衣が、自分の深層の身体である「み（身）」に残っている「思い」に反応して、思いが溢れ出てしまう、それが「思い出」です。思い「出す」のではなく「出る」。

また、家の中の仏間は、まさに見えない世界につながる通路で、子どものころは懐かしくも、怖い場所でした。

釈　はい。ところが、現代人は明らかに儀礼の場に身をおくのが苦手になっている。なにしろ現代人は、意味がよくわからない時空間に長く身をおくのがとても苦痛なんです。

安田　たしかに。

釈　だから、仏教の儀礼にしても、すごく説明しなきゃいけない。説明されて、意味を与えられると、かなり平気になるんですよ。

安田　おお、そうなのですか。

釈　大学の式典や宗教行事においても、「何をやっているのか、きちんと説明してくれ。そうでないと参加する意味がないじゃないか」などと、教職員から要望がきたりします。

近年は葬儀・法要でも、儀式について説明をする場面が増えてきました。説明を受けて、頭で納得できれば、儀礼に参加する苦痛が少し緩和するんですね。どんどんロゴス的になっている。

そうなると、やはり「場を感知する能力」が枯れてきているのかなあ、というふうに思ったりするんです。

安田　『論語』を読むと、弟子の質問に対する孔子の答えが全然、説明になっていないところが多々ある。説明って、本当は意味がないですね。質問は、自分で思索するのを横着して、ショートカットで答えを聞こうとするものが多いです。

いま、クローズな会で能の謡を教えているのですが、参加されるみなさんには、「十年間は基本的に質問をしないように」と言っています。

釈　すごいですね、それ。

安田　はい。また、十年間はやめないようにとも。その約束で始めました。説明なしの状態にいかに堪《た》えるか、ということが大事です。

釈　やっぱりそこですか、キモは。

安田　はい。

お経や『聖書』を現代語訳すると儀礼の力が落ちる

釈　僕も最近よくそういうことについて考えるんですよ。明らかに「説明してくれ」というニーズがある。それは感じます。

そうなると、経典の読誦も現代語訳のほうがいいですよね。だって、インドの経典を中国で翻訳して、それをそのまま日本語読みしているんですから。誰が聞いても意味わからないんですよね。インド人が聞いても、中国人が聞いても、日本人が聞いてもわからないんですから。

安田　たしかに全然わかりませんね。

釈　誰もわからんものを読誦するって、変でしょう。間違っている行為だと思いますよね。それで、日本語に翻訳したものを読む、といった考えもあるんです。実際には表白や和讃《わさん》など、日本語による読誦も昔からあるんですよ。でもそれもわかりにくくなった。だから現代語訳を読誦するという活動をしているお坊さんたちもおられます。

だって、仏教の経典って、かなり面白いですからね。とても高度な思想も出てくれば、宗教文学も出てくる。それを現代日本語で翻訳したものを読むわけです。そうすると、やはりみなさん聞き耳を立てていますよ。お坊さんが読んでいるお経の意味がわかると、法事の苦痛もマシになるわけです。そこから仏教に興味をもつ人も現れると思いますね。

ただ、明らかに儀礼性は低減します。儀礼の力は落ちてしまう。意味わかったほうがいいなら、もう、自分で本を読んだほうが早いし。

安田　ははは、そうですね。

釈　このことはキリスト教でも同じ悩みだそうです。

安田　おお！

釈　『聖書』が現代語になっているんですが、「文語体のほうがよかった」というクリスチャンは多いらしいんですよ。「イエスはかく語りき」とか、「復讐するは我にあり」とか、ああいうカッコいいフレーズが、心にビンビンくるらしくて。

安田　そうですね。

釈　それを「復讐するのは神様のお仕事です」とすると、なんだかありがたさがない。

安田　ははは、たしかに。

わからないものに自分を合わせる力

釈　つまりこの問題は、宗教がもつ聖性や儀礼性を無視して、「説明しろ」「オレに合わせろ」ということになってしまっては元も子もなくなるわけです。我々の宗教性の琴線に触れる回路として、型や儀礼があるわけでして。むしろ、自分がそこへとチューニングしていかなきゃいけない。

安田　はい。

釈　チューニングする心と身体を養っていかねばならない。先ほどの、十年は続けろ、十年は質問なし、といったお話もこのことをおっしゃっているのではないですか。伝統芸能のお稽古は、そこが肝要だと。

安田　本当にそうです。言葉で説明しちゃうと平面的になってしまいます。立体的にというか、本当はもっと複雑な、さまざまなものが錯綜《さくそう》しちゃってわけのわからない状態に投げ出されて、そこで何かをつかんでいくことが古典芸能では大事です。

いま『イナンナの冥界下り』という作品を上演しているのですが、基本はシュメール語で、それに能の謡が日本語で入ります。この作品の中でいちばんわかりやすいのが、能の謡だったりします。シュメール語に比べれば、謡はわかりやすい。でも、儀礼的だし、祝祭的なので、二時間以上の作品でも面白く観ることができるのです。

いかに内在時間を延ばすかというのが現代人のテーマ

釈　よくあちこちでお話ししているのですが、現代人は心身の時間が萎縮しているために、苦しくてイライラしてると思うのです。

安田　たしかに朝の駅などに行くと、イライラしている人が多いですね。だから、できるだけ近づかないようにしています。現代人は苦しいですね。

釈　物理的な時間をクロノス、心身の時間をカイロスと呼んで、区別しているんです。考えてみれば、昔に比べて移動時間は短縮しているし、かつてとても手間ひまかかったプロセスをすっとばすことができる。飲食にしても、火や水を使うことにしても、家電製品にしても、現代人のほうがひと昔前よりずっと時間が余ってしかるべきでしょう。ところが明らかにいまのほうが忙しいんですよね。ほら、お芝居観るのも、昔だと一日がかりなんですよ。観劇もずっとのんびりしていた。

安田　能も昔は五番立てといって、能が五番でその間に狂言が入り、最初に『翁《おきな》』という神事のような能も上演されたので、朝から晩までかかっていました。映画館もそうでしたね。

釈　法事もすごく長かったです。葬送にしても、お通夜が二晩あったり、お葬式から野辺送りまで、みんなけっこうずっと付き合っていました。いま、お通夜ぐらいしか来ないじゃないですか。

安田　たしかにそうですね。

釈　現代人のほうが時間が余るはずなのに、忙しい。それは、いくらクロノスの時間を余らせても、カイロスの時間が萎縮していたら、忙しくて、苦しくて、イライラすることになるんですよ。

人間は、長い時間の中で生きていると、少しのデコボコなど引き受けることができます。でも萎縮した時間に身をおいていると、ちょっとしたことも許せなくなります。そうしてどんどん自分自身が苦しくなっていく。だから、いかにカイロスの時間を延ばすのかは、現代人のテーマなんです。

安田 内在の時間ですね。

釈 はい。そして、人類にとって内在の時間を延ばす最大の装置は宗教儀礼です。宗教儀礼の場に身をおくことによって、少しずつ少しずつカイロスの時間が延びるのです。

三年の喪は長すぎるのか

安田 『論語』の中で、宰我《さいが》という弟子が、孔子に向かって「三年の喪って長すぎないですか？」って言うんです（陽貨篇二一）。

釈 それはとても面白い質問ですね。

安田 はい。「一年でいいんじゃないか」と。しかも、なぜ三年が長いのかということを孔子に向かって論理的に説明するのです。

釈　論理的に考えたら、かなり非効率なことですからね。

安田　三年も禮を修めなかったら禮もすたれるし、樂を修めなければ樂もダメになるし。

釈　とても論理的な説明です。

安田　で、古い穀物がなくなって新しい穀物が実るのも一年だから、一年でいいでしょう、と。これ、面白いですよね。植物を、人間の生のアナロジーとして使って……。

釈　じつにもっともな意見です。

安田　孔子はそれに対して、「お前は親が死んで三年も経たないのに米を食べたり、錦《にしき》を着ても何にも思わないのか」と言うんです。で、宰我が「思いません」と言うと、「それなら、そうしなさい」となるのです。

釈　孔子ってそんな人なんですね。

安田　普通なら、親が死んで三年間は、旨いものを食べても旨くないはずだし、音楽なんか聞いても楽しくないはずだと。でも、それで楽しいんだったら勝手にそうしろと。

釈　孔子の本意はどこにあったのでしょう?

安田　本当は、三年間やりなさい、という意図で言っているのではないでしょうか。

釈　ちょっと皮肉な言い方ですね。孔子はしばしばそういうアイロニカルな物言いをしたのですか?

安田　そうなんですよね。でも、他の孔子の言葉から考えると、ここ、ちょっと変なんです。じつは、この章は孔子の死後、かなり経ってから挿入されたものではないかといわれています。他の孔子の言葉から考えると、本当は「各自に合った方法ですればいいんじゃないか」と言いたかったのかもしれません。それを後世の弟子が、勝手に解釈してこういう文章にしたのかもしれません。

凝縮しがちな宗教を脱臼させる芸能

釈　いろいろなトピックスをお話してきましたが、やはり宗教と芸能のあり方や、宗教とアートのあり方などを、現代人は再考せねばならないのだと思います。

安田　そうですね。こういう言い方をすると宗教家の方にはナンですが、むしろ、ときによっては芸能家のほうが宗教的なところがあると思うこともあります……。

釈　おっしゃるとおりです。

安田　これが宗教的かどうかはわかりませんが、たとえば「この曲（演目）は不吉だから、うちの家はやらない」とか、『道成寺』（という演目）を演じるときは、必ず道成寺にお参りに行く」とか。あるいは精進潔斎《しょうじんけっさい》をしたり、別火《べっか》（ほかの人とは別の火で食事を作る）をしたりとか……。カップラーメンでも別火だとか。

釈 たしかに芸能の領域では、そういう手順を大切にしておられますね。宗教性への畏敬は、芸能の本質にあると思います。

宗教と芸能の対比でいえば、宗教が本来的にもっている具合の悪さと、芸能がもつ特性の組み合わせみたいなものもあります。宗教のシステムは、ギューッと凝縮する方向へと導くんですよ。だから、ときには近視眼的になります。独善的にもなり、排他的にもなってしまう。しかし、それをガクッと脱臼《だっきゅう》させる役目を果たすのが、芸能とかアートなんですよね。

安田 なるほど。

釈 だから本当は、宗教と芸能や、宗教とアートが、両輪まわっているのが望ましいのだと思うのです。

どの宗教にも、よいところもあれば、具合の悪いところもあります。暴力性や差別性も内蔵している。しかし、それが発動しないように、教義というリミッターが設定されています。なにしろ、宗教の暴力性が発動すると、人間の力では止まらない。

そこで大切なことは、宗教のまわりにアートや芸能があることでしょう。両方かみ合ってまわっている状態です。とくに芸能は、凝縮したものを拡散させる能力が高い。宗教がもつ凝縮能力に対して、芸能がもつ拡散能力、そんな構図があります。

もちろん、芸能にとっても、自身の中にある宗教性を手放さないことが重要でして。芸能が発揮する宗教性に対して鈍感になってしまってはいけない。

宗教と芸能がそれぞれの役割を果たす場をつくろう

安田　能をはじめとして芸能は本来、宗教がもとにあるものですからね。エンターテインメントの語源は「アミューズメント」と関わりがありますが、「アミューズ」自体が「注意をそらす」ですから、ある意味、拡散ですね。
能は、そういう意味では集中しやすいので、拡散させる装置として、必ず狂言を入れます。能のあとに狂言をして、また能をして狂言をして……と。能を完全にパロディーにした狂言というのもいくつかあります。
釈　能と狂言の関係で考えると、わかりやすいですね。元ネタをパロディーで揶揄《やゆ》する。これぞ芸能の本領発揮ですね。
安田　はい。能と装束をほぼ同じにして、セリフもほとんど同じという曲（演目）があります。

釈　わあ、観たいです。どんな演目なんですか。教えてください。

安田　たとえば能に『葵上《あおいのうえ》』ってあるでしょ。

釈　なんと、『葵上』のパロディーですか。

安田　はい。能『葵上』では、六条御息所《ろくじょうみやすどころ》の生霊を、横川《よかわ》の小聖《こひじり》という山伏のような姿をした聖が法力で成仏させます。そんな能のパロディとして『梟山伏《ふくろう》』という狂言があります。この演目では山伏がこの横川の小聖とほとんど同じ格好で出てくるんです。で、謡う謡も、『葵上』の横川の小聖とほとんど同じなのですが、ちょっとずれている。調伏《ちょうふく》する相手は六条御息所の生霊ではなくて、フクロウにとり憑《つ》かれた男なんです。で、一生懸命に退治しようとするんですが、全然ダメで、彼を連れてきた兄にまでフクロウが乗りうつっちゃって、ふたりでホーホーと言いながらどこかに行ってしまいます。最後には山伏まで乗りうつられてホーホーと言って帰るという。

釈　いいですね、それ。宗教性を発揮すると同時に、その宗教性をも揺さぶるだけの能力をもつ芸能。すばらしいです。

安田　これがフクロウではなくキノコの精霊というのもあって、本当に能をおちょくってます。いま、『葵上』のあとに『梟山伏』を上演しようと言うと、シテ方が嫌がりますね。せっかくやったのを台無しにされるって言って。

釈　いまのお話を聞いて、思いついたことがあります。安田先生への持ち込み企画としてもいいですか？

安田　はい。もちろん歓迎です。

釈　法要で行われるお説教をパロディーにしている落語のネタがあるんですよ。だから、実際にお坊さんにお説教をしてもらって、その後、噺家《はなしか》さんにこのネタをしてもらうというのはどうでしょう。勤行もやって、お説教もお聴聞して、きちんとした法要を営む。その後、この落語。お説教のもつ聖性が見事にはずれてしまうのではないかと。

安田　おお、そういうのもあったのですね。そして『葵上』と『梟山伏』もやっちゃう。今度、どこかでしませんか？

釈　やりましょうか。もう少しよく考えさせてくださいね。まず法要のご縁を結ぶところから始めないと。それに、その落語ができる人は、いまいないと思うので、まずはそれをやってくれる噺家さんを探す必要があります。しかし、宗教と芸能とがそれぞれの役割を果たすような場になりそうです。

安田　はい。では今度ぜひ！

III

『論語』に「テクノロジー」を投げてみる

対話　ドミニク・チェン

ドミニク・チェン
一九八一年、東京生まれ。フランス国籍。博士（学際情報学）。二〇一七年四月より早稲田大学文学学術院准教授。インターネットの情報学を専門としつつ、能や糠床、ゲームなどにも精通、ジャンルをまたいで人や情報をつなぎ、新たな思考の枠組みや未来の人間とテクノロジーの関係性を提案している。

1 『論語』はシンギュラリティ

シンギュラリティとは、普通のルールが適用されない状況

安田　最後はドミニク・チェンさんをお迎えしてお話をしますが、ドミニクさんはマレー・シャナハンの『シンギュラリティ：人工知能から超知能へ』（NTT出版）の監訳もされていらっしゃるので、まずはシンギュラリティと『論語』の関係から入りたいと思っています。そこで、最初にシンギュラリティについて簡単にお話しいただけますでしょうか。

ドミニク　ここでいうシンギュラリティ、つまり特異点とは、主に計算機科学の世界で議論されてきた概念ですね。この文脈では、正確にはテクノロジカル・シンギュラリティ、技術的特異点という言葉を使います。

シンギュラリティというのはもともと数学や宇宙物理で使われてきた用語です。どちら

にも共通するのが「普通のルールが適用されない状況」を指しているということですね。宇宙物理では、ブラックホールのように重力が異常に強い空間の、「事象の地平」といわれる境界を越えると光さえも逃げられなくなるので、その内部では何が起こるか予測できません。

このようなイメージを社会に持ち込んだパターンが、技術的特異点としてのシンギュラリティです。もともとは数学者のジョン・フォン・ノイマン（一九〇三-一九五七）が使い始めたともいわれていましたが、一九九〇年代にはコンピュータサイエンティストでSF作家のヴァーナー・ヴィンジが「来《きた》る技術的特異点について」というエッセイを書いています。そして発明家のレイ・カーツワイルが二〇〇五年に書いた『The Singularity Is Near』（『ポスト・ヒューマン誕生』NHK出版）によって、一般化しました。

僕が監訳した『シンギュラリティ』の著者で、いまはAlphaGoを作ったDeepMind社で人工知能研究を進めているシャナハンは、シンギュラリティを「われわれが今日理解しているような人類のあり方が終わりを告げるほどの劇的変化が、技術の指数関数的進歩によってもたらされること」と説明しています。ここでも、現在からは予測ができない変化、というモチーフが繰り返されます。

技術的なシンギュラリティの根拠は、計算機が従うといわれている「収穫加速法則」があります。たとえば有名なムーアの法則は、十八カ月ごとにCPU（中央演算処理装置）のトランジスタの数が倍増し、計算能力がまさに指数関数的に向上していくという現象を指しています。カーツワイルは、この法則が続けば、いまはひとつの技能に特化しているにすぎない人工知能が汎用的な知性、つまり人間並みに世界を認識し、作用する力を手に入れると予測しています。

そして、いったん人並みの知性を人工知能が獲得すると、人間よりもはるかに速く学習を繰り返せるので、すぐに人間の知性を超えた「超知性」、スーパーインテリジェンスをも獲得するということが予測されます。

そのような事態を歓迎するべきなのか、それとも警戒するべきなのか、という議論が世界中で起こっていることは周知のとおりですね。シャナハンの本では「身体性の有無」という点にフォーカスが当てられていて、人間の痛みや喜びといった生理的で非合理的な感情欲求をもたない知性は、人間とは本質的に異質なものだろうと議論されています。

新しい思想をつくった人たちも、文化的シンギュラリティに含まれる

安田　僕たちの世代で「シンギュラリティ」と聞くと、フランスの数学者ルネ・トム（一

九二三‐二〇〇二）のカタストロフィーの理論を思い出す人が多いと思います。

ものごとが変化するときには、カタストロフィー的ジャンプが起こる「特異点（シンギュラリティ）」があるという理論でした。ですから、僕たちの世代にはシンギュラリティのアイデアは受け入れやすいのです。僕たちはいま大きな変化の中にいるというのは間違いないし、カタストロフィー的ジャンプが起きそうな気配も感じます。

カーツワイルはその後の世界を夢想的というか、ずいぶん楽観的に描いていますし、ユヴァル・ノア・ハラリは悲観的に描きます（『ホモ・デウス』河出書房新社）。その正否を云々《うんぬん》する力は僕にはないのですが、しかしこのようなことを人類は何度も体験しているのではないかと思います。

たとえば古代中国では、孔子の時代の八百年ほど前に起こった文字の発明がテクノロジカル・シンギュラリティでした。そして、それはやがて心理的シンギュラリティや身体的シンギュラリティを招き、さらには先日、ドミニクさんがおっしゃっていた文化的シンギュラリティをも招くと思うのです。

ドミニク　はい、文化的特異点、カルチュラル・シンギュラリティという用語はメディア論や社会学で使われるタームです。
これは、それまでに存在しなかった人物や社会技術が登場することで歴史的転換が起こることを指していて、その意味では技術的特異点よりも広範囲に使われるものですね。たとえば原始時代に火が利用され始めたこと、言語が使われるようになったこと、先史時代の農耕と牧畜の開始や土器の製造から、世界中の古代文明で文字が発明されたり、中国で紙が作られたりというのも、文化的特異点と考えられます。

メディア技術でいえば十九世紀の写真と映画、二十世紀のラジオ、テレビ、インターネットの登場、二十一世紀のスマートフォンの普及などは、技術史と大衆文化にとって重要な文化的特異点と考えられます。

面白いのは、文化的特異点には新しい思想をつくった人物も含められることです。たとえばキリスト本人もそうですが、アウグスティヌスやルターもキリスト教世界に革新をもたらしました。日本の仏教でいえば釈迦の後に空海、親鸞《しんらん》、道元などが出てきたことも挙げられますね。そして、まさに孔子や荘子、老子といった人物は中国思想のカルチュラル・シンギュラリティを担った人たちです。今日は、孔子の『論語』が文化的特異点として、どのような不可逆的な変化を引き起こしたのかということがテーマですね。

安田　はい。前のシンギュラリティである文字の発明は孔子の時代の八百年ほど前に起こっていますが、『論語』を考えるときにはとくに心理的シンギュラリティが重要だと思います。でも、その前に文字の発明について見てみたいと思います。

「温故」は既存の知識をグツグツ煮込む

安田　古代中国においては、文字は紀元前一三〇〇年くらいのものが最初のものとして見つかっています。ちょうどこのころ、さまざまな「外在化」が行われました。たとえば家畜の使用は身体の外在化を実現しました。とくに馬は足の外在化ツールとして、いままでよりもずっと遠くに、そして早く行くことを可能にしました。

また、文字の発明は脳の外在化を引き起こしました。それまで脳の中に入っていたさまざまな情報が文字として外在化されることによって脳の中に余裕が生まれ、新たな精神活動が可能になりました。その新たな精神活動のひとつが「知」です。『論語』の中でそれを表す章句があります。有名な「温故知新」です。ちょっと長くなりますが、この話を最初にしますね。

子曰、温故而知新、可以爲師矣、(為政篇一一)
子の曰わく、故《ふる》きを温《あたた》めて新しきを知る、以て師と為《な》るべし。

温故の「故」は「古」と同じ意味で「古いこと」、ここでは既存の知識をいいます。たとえば「新しい企画を立てる」というミッションが与えられた。そのとき、まずは既存の文献やら資料などを集めるでしょう。あるいは先人や自分の過去の経験を参照にする。それが「故」です。

次の「温」は、盤（皿）という水器の上で何かを温めていることを意味する文字です。じつはこの字は孔子の時代にはないのですが、それに関してはあとでお話ししますね。

ですから、「温故」というのは、スープを煮込むように既存の知識をじっくりと時間をかけて熟成させることをいいます。

ドミニク　まるでスープや煮物か、もしくは糠床《ぬかどこ》の中で微生物が発酵しているようなイメージが湧いてきますね。

安田　おお、糠床！　まさにそうなんです。あとでお話ししますが、おっしゃるとおり、これは発酵でイメージするのがもっとも適切なのです。

「知新」は矢が落下してくるように新しい視点が出現する

安田　そして、そんなふうにしていると起こってくるのが「知新」です。

まずは「新」のほうから見ていきます。「新」という字の左側にあるのは「立」と「木」

です。「立」は「辛（針）」、すなわち「シン」という音を表します。その下にあるのが「木」ですから、この字は「木」に関する字だということがわかります。右側の「斤」は「おの（斧）」です。すなわち「新」というのは、斧で木を切ったときに現れる新たな切断面をいいます。

もう一文字。「知新」の「知」は孔子の時代にはなかった文字です。孔子は「知」をとても重視していますが、しかし、「知」という文字は孔子の時代にはまだありませんでした。じゃあ、何があったかというと「知」から「口」を取った文字、「矢」だけです。この字は矢の象形ですが、この矢を逆さにして、地面に突き刺さったことを表す文字があります。

矢

至

これは、いまの漢字の「至」です。何となく似てるでしょ。目の前に突然、矢が落下してくるように、何かが忽然《こつぜん》と出現することを「至」といいます。

すなわち「温故知新」というのは、長い時間をかけて古いこと＝「知識」をグツグツ煮ているると、ある日、「おお、こんな手があったのか」というように、ものごとのまったく新しい視点や手段が突然、出現することをいいます。そして、「知」とは、そのような精神活動をいうのです。

じつは「温故」と「知新」の間にある「而」の文字も大切なのですが、いとうさんの回(四七〜四八頁参照)で触れたので、今回は省略しますね。

師とは、待ちながら見守ることができる人

安田　さて、「温」の字が孔子の時代にはなかったと言いましたが、じゃあ何だったのかと考えると「温」の古い字は「溫」と書かれていて、孔子の時代にあったのは右上の「囚」だけだったのではないかと思うのです。

これは、人が牢(口)の中に閉じ込められている文字です。でも、「囚」では「温」と音が似ていないので、ひょっとしたら同じような意味をもつ「因」だったかもしれない。どちらにしろ、狭いところに閉じ込められた人が鬱々《うつうつ》としている状態です。

そういう意味ではこれはスープを煮込むよりも、先ほどドミニクさんがおっしゃった糠床の中の発酵のほうがいいと思います。

糠床に「故」を入れて発酵をさせるためにゆっくりと待つ。なかなかいいアイデアが出ずに鬱々としている。しかし、そんな日々を繰り返していると、ある日突然、まったく新しい知見や方法が出現する。それが「温故知新」です。人は文字というツールで脳を外在化させることによってできた脳の余剰部分でそんな精神活動を手に入れた。

そして、孔子はそれができる人が「師」となることができると言っています。「師」とは、もともとは戦争のときの社《やしろ》に祀《まつ》った生贄《いけにえ》の肉ですが、やがてそれが軍隊の指揮官になり、そして先生の意味になりました。未来のことを考えることができる人です。

ドミニク　お話を聞いていて思ったのは、「古い文献に当たって新しい知を構成する」という、おそらく一般通念として広まっている「温故知新」のイメージとしては、近代西洋的な学術、アカデミアの発想にも近いのかと思いますが、孔子が込めたイメージはもっと具体的というか、すごく生々しいのが面白いですね。

学術の世界では、アイデアが出てこなくて鬱々とした状態では論文が書けませんから、なるべく効率よく、的確に過去の参考文献を引用して、過去と現在の歴史的な連続性を示すようにトレーニングを受けます。

でも、孔子の「温故知新」は、発酵現象のように、目的が事前に決まっているのではなく、自然と新しい考えが湧いてくるというリアリティに重点が置かれているように感じられる。自分の身体を自然に委ねて、必然的な時間の経過を待つ、という姿勢があるように見受けられます。

だから、未来を考えられる人が先生であるというのも、AI（人工知能）のようにデータに基づいた予測結果を示してあげるのではなく、生徒の身体のなかで発酵がいずれ起こることを経験則として知っているから、待ちながら見守ることができる人、というイメージが湧きますね。

文字は読む人が微分・積分することで成り立つ

安田　そう、そう。だから、この先AIによって脳の外在化がさらに進むと脳には余剰部分がさらに増えると思うんです。その時間をヒマつぶしに使う人が大半で、それはそれでいいと思うのですが、ヒマつぶしに飽きると何か変なことをしたくなる。そんな人が一定数に達すると、前のシンギュラリティで「知」が出現したようにまったく新しい精神活動が出現するんじゃないかと想像しています。それってわくわくするでしょ。

文字の発明がもたらした、もうひとつのことは、本来は消えていってしまうことを骨や粘土板などの媒体に「定着」させることと、そしてそれと同時に生まれた「合意形成」です。たとえばこんな字があります。

これは「象《ぞう》」の甲骨文字ですが、これが象の字として成立するためには「これをみんなで象と呼ぼう」という合意形成が必要になってきます。「そんなの象に見えないからイヤだ」という人ばかりだったら文字は成立しません。

でも、これが本当に象に見えるかというと、ちょっと微妙なところがあるでしょ。たしかに鼻が長いという特徴は表しているけれども、本物の象とは似ても似つかない。

文字というものは、立体を平面化して、さらに記号化するという過程が必要です。すなわち３Ｄのものを２Ｄ化するという微分が行われます。そして、その文字を見た人は、今度はそれを頭の中で積分して理解することになります。

ドミニク　そうですね、計算機の世界だと安田さんのおっしゃる微分というのは「暗号化」、積分は「復号」と呼びますが、この脳内変換のプロセスこそが表意文字としての漢字の面白さですよね。

考えてみれば、言葉を組み合わせて会話を交わすときだって、互いに全然別の形をイメージしているのに、コミュニケーションが成り立つ、という。

安田　おお、「暗号化」と「復号」。かっこいいですね。そうそう。文字というものは、ただ微分化（暗号化）するだけではダメで、享受者がちゃんと積分（復号）してくれないと成り立たない。

文字が因果論を生み、歴史や時間も生まれた

安田　しかも、その微分も積分も、非常に恣意《しい》的なんです。先ほどの象は横から見た姿ですが、こちら「牛」と「羊」です。これは顔なので前から見た姿です。

楔形《くさびがた》文字でも「牛」は前から見た姿で描かれます。牛や羊などの家畜は正確に数える必要があるから、前からの姿になったんじゃないかといわれています。捕まえることができる角《つの》を数えるんです。

3Dの物体を、どの方向から微分して2Dにするかということは自分たちの都合のいい

ようにしています。恣意的なんですね。何かを選択するために、何かを捨てる。これは仕方ないことなのですが、それが定着し、そして共有されると、その恣意性がまるで真実のように思われてしまう。これも文字の特徴なのではないかと思うのです。

たとえば先ほどの「古」という字ですが、加藤常賢氏はこれを兜《かぶと》（ヘルメット）の象形だと書かれています（『漢字の起源』角川書店）。「古」を「口」で囲むと「固」という字になる。ヘルメットは固いからですね。で、それは変化しないこと、すなわち変化しない過去を表す「古い」という意味が生まれます。

そして、この「古」に「攵」がつくと、今度は「故」という字になり、因果論が生まれます。このことは釈先生との回でお話ししたので省略しますが（九五〜九九頁参照）、因果論が生まれると、現在の正当性の説明のために、さまざまな過去の中から都合のいいものを選んで、それを変化しない過去として記述し、定着させようとする。歴史の誕生です。

歴史が生まれると同時に時間の概念も誕生しました。それが中国では紀元前一〇〇〇年くらい。「大盂鼎《だいうてい》」という青銅器の銘文に「時間」や「歴史」や「因果論」や「法」やら「学校」やら、そこら辺がまとめて出現します。漢字誕生の約三百年後です。孔子の生まれるおよそ五百年前。

そして心が生まれ、戦争は巨大化し、官僚制が始まった

安田　で、時間が生まれると、未来を変える力や、過去から何かを学ぼうとする意志も生まれる。いままでは変えることができなかった未来を変えうるようになったというのは、人類にとってシンギュラリティ的なジャンプだったと思うのですが、しかしそれと同時に、未来に対する不安や過去に対する後悔も出てきた。そうするとそういうことを表す文字が生まれます。それがこれです。

これがいまの「心」という文字です。まさに心理的シンギュラリティですね。

時間が生まれ、心が生まれ、微分ができるようになると、企画や設計ができるようになります。空間の設計だけじゃなくて時間の設計もできるようになる。これをするのにどのぐらいの時間がかかるか、と考えられるようになって、さまざまなテクノロジーが発達してきます。

ドミニク　なるほど、「心」の誕生によって未来の時空に向かってヴィジョンを投影、プ

ロジェクトすることが「計画」という概念を生んだ。十七世紀にデカルトが座標空間システムを導入するよりもはるか前に、文字の発明によって、時間と空間の区画化が始まっていた、と考えるのはエキサイティングですね！

安田　はい。それによってさまざまなテクノロジーやシステムが発達するのですが、いちばん最初に発達するテクノロジーは、当然ながら軍備なんです。馬の使用については諸説ありますが、騎乗よりも戦車（馬車）としての使用例のほうが早かったのではないかといわれています。

ドミニク　中国を支配してそのテクノロジーを吸収したフビライ・ハーン（一二一五－一二九四）の時代になると、日本でいうところの「早馬」を使った軍事用の連絡ネットワークが発達して、そこからヨーロッパの現代的な郵便システムが生まれたといわれていますが、当時は馬を局所戦で利用したんですね。

安田　はい。それでも従来の戦争からするとかなり大きなものになる。戦争の巨大化が起こってくるんですね。で、次に起こってくるのが、ヒエラルキー的なシステム。

ドミニク　なるほど、そこから官僚制が誕生するんですね。

安田　はい。『周礼《しゅらい》』には、システム化された官僚組織が詳細に記されています。

ドミニク　だから、統治、ガバナンスのテクノロジーが生まれたわけですね。

2 「外在化」が次のシンギュラリティの鍵

グロス・ナショナル・ペイン（国民総苦痛量）を考える

ドミニク 統治の話題が出たので、そのつながりでお話をしますと、松岡正剛《せいごう》さんのお誘いで経産省の次官と若手官僚を囲んで、日本の未来を考えるという有識者会議に参加しています（平成二十八年度経済産業省「日本再考委員会の有識者会議」）。昨日ちょうど、僕の発表をしてきたタイミングでした。

いま、アメリカのトランプを見ても、イギリスのブレグジットを見ても、そしてフランスやイタリアで起こっていることを見ても、世論が排外主義的な方向に走っていっています。そこでは、事実を積み重ねるデータジャーナリズムも粉砕されてしまった。どんなファクトを突き付けても、「それはオルタナティブなファクトだ」と言われ、躱《かわ》されてしまう。一国の大統領がツイッターで何千回と嘘を垂れ流しても、それがまかり通ってしまう。

このように、論理的な、言語的な、社会的な議論というものが無効化されつつある社会状況の中で、どうやったら社会的な合意形成、つまり民主主義が可能なのか、ということを話し合うのが全体のテーマになっています。

そこで僕は、テクノロジーをうまく使うことで、安易なポピュリズムに走ることなく、身体性に基づいた共感というものを合意形成のために活かせるのではないかという話をしました。

このアイデアの発端となったのは、昔、ブータンが、グロス・ナショナル・ハピネス（GNH）、国民総幸福量というのを提唱したことです。最近はもう使わなくなってしまったようですが、このアイデアは国連の持続可能な開発指標（SDGs）という取り組みにも影響を及ぼしています。

近年では、ただ「幸福」というと曖昧模糊《あいまいもこ》としてしまうので、幸福を構成する複数の要素に切り分けるウェルビーイングという用語を使います。僕も日本的な価値観に基づくウェルビーイングとテクノロジーの関係を探る研究を始めて、安田さんにもご協力いただいています。

この過程のなかで、ハピネスじゃなくて、逆に、痛み、ペインを基準にしたコミュニケーションを考えたほうがいいのではないかと思うようになりました。

つまり、国民総幸福量ではなく、グロス・ナショナル・ペイン、国民総苦痛量というものを測ることで、より公正な合意形成ができるんじゃないかということです。まだ固めている途中のアイデアではありますが。[1]

安田　ペイン、大事ですね。これも前に話したことなのですが、孔子のいう「君子」というのは欠落をもった人。すなわち迫害された人で、痛みをもった人という意味です（八二頁参照）。孔子も痛みをとても大切にしていました。

ドミニク　そうなんですね。国民総苦痛量を考えているのは、政治家や官僚、もしくは国民同士でさえ、互いの痛みに対して鈍感になってしまっていると思ったからなんです。

最近のアメリカやフランス、そして日本でもそうですが、国家や企業のトップに立つ人間が、自分と意見の異なる人々の訴えを切り捨てる光景を目にすることが増えているように感じます。痛みに対する共感がなければ、立場の異なる人間の苦しみを理解することができないし、そのためには痛みを知っていないといけない。君子が痛みをもつ人、というのは、そのような意味なのかと想像しました。

無意識の痛みを情報化する

ドミニク　それで、その苦痛をどう測るかということなんですけれども、じつはいろんな技術を応用することで、無意識の痛みを情報化することができそうです。その中でもとくに面白いと思ったものが、アメリカのSpireという会社が作っている、その名もSpireという、身につけるだけで呼吸を記録して解析してくれる製品です。

安田　スパイアー、まさに呼吸。

ドミニク　はい、inspireが息を吸う、expireが息を吐く、でspire。実際にこの会社を訪問して話を聞いてきたんですが、この技術はすごくよくできているんです。最初に発売されたバージョンは、小石を模したデザインになっていて、ベルトやブラジャーにつけておくと、感圧センサーがお腹や胸筋の伸縮を感知することで呼吸のデータが取れるんですね。

安田　へぇー。

ドミニク　そうすると、スマートフォンでリアルタイムに呼吸を見ることができる。きちんと生理学や心理学の研究に基づいて、呼吸パターンから心理状態を解析してくれます。

息のリズムが悪いときは赤、落ち着いているときは緑色、集中しているときは青色で表示されます。さらには時系列で、「昨日はけっこう落ち着いていた」「今日は集中が多かった」ということが、一覧で見られる。呼吸が荒くなるとセンサーが振動して、「ちょっと呼吸を整えよう」ってなる。

安田　おー、面白いですね。僕もすぐに買おう。

ドミニク　彼らが面白いのは、アメリカの州ごとで、どこがどれだけ緊張してるかとか、集中できてるかというのを、地図上にプロットしてるんです。

たとえば、トランプが当選したその日のアメリカ全体のSpireユーザーの緊張量をグラフに可視化しています。すると、夜の二十三時に当選確実が報じられた瞬間がもう、みんなの息がものすごく荒くなっちゃっているのがわかる。

この技術はまだ近似を出しているにすぎないので、これだけで本当に人々の苦しみを取れるかというと、まだまだ足りない部分はあります。それでも、こういう技術を発展させてうまく使うことで、たとえば一国の国民の中で、どういう地域の人たちがいちばん苦痛を抱えているのかというデータを可視化して、社会的に活用できるようになるかもしれない。

安田　なるほど、うーん。

外在化された身体性を、社会の合意形成の方法として使う

ドミニク　身体性というものが、ますます情報化され、可視化されていくことには、当然暴力的な向きもある。国家や企業が人間を管理するための権力と結びつくのは最悪です。

　でも、技術それ自体は価値中立的なものです。個人や小さな共同体がエンパワーされる形でテクノロジーを使うことも可能なはずなんです。

　会議のなかで、法政大学総長の田中優子さんは「自己の外化」という表現を使われていたんですけど、自分の無意識を含めた身体性というものを、一歩引いた目線から見ることが、テクノロジーによって可能になる。

安田　先ほどの外在化ですね。

ドミニク　そうです。それで、近い未来の技術によって作れるようになるであろう痛みの外在化には、二つの帰結があると考えられます。

　まず、当事者に、自分の無意識のペイン――ストレス、疲労、悲しみや怒り――への客観的な気づきが起こること。このことによって、自己の相対化が起こる。過剰な自己執着の状態から少し距離を置いて自分を振り返るということですね。

　そして次に、その痛みが社会に共有されるという認識が生まれること。他者のペインに

ついては、同種の痛みを抱えている人たちへの共感もそうですが、自分の知らないパターンの痛みを抱えている人への想像力が生まれる。
社会の合意形成の方法として、痛みを抱えている人たちに向けた政策の優先順位を決めることや問題提起をすることが、もっとスムーズになる可能性があります。当然、プライバシーの流出やデータ改ざんのリスクの問題もありますが、そこは技術的に解決可能ではないかと考えています。

人類最初の「自己の外化」は呼吸のコントロールだった

安田　おそらく人類にとっての自己の外化を最初に意識したのが、それこそスパイアー、呼吸なんです。

ドミニク　そうなんですか。

安田　呼吸を表す「息」は、殷の時代にはこう書かれていました。

ドミニク　ちょっとマンガっぽいですね。

安田　そうですね。鼻から線が三本出ている。この上の部分が「鼻」の象形で、「自」という文字になるのですが、いまは下に「心」がついているでしょう。これは呼吸を意識して観察し始めたという意味ではないかと思うんです。

で、それはたぶん二つの意味があって、一つは、人間が呼吸をコントロールできるということに気づいたこと。じつは呼吸をコントロールできるのは、類でいうと鳥類と人類、そして鯨類だけしかいないようなのです。

ドミニク　たしかに鳥類もさえずりや声帯模写ができますね。

安田　そう。だから、呼吸をコントロールできる生物は歌が歌えるらしい。鯨《くじら》も歌いますしね。犬はできない。だから、犬かきしかできないんですね。顔をつけて泳げないでしょ。

ドミニク　なるほど、でも鳴き声に抑揚をつけたりする犬もいますが、それはコントロールしてるうちには入らないですか？

安田　もしコントロールできたら、少しの間、息を止めて泳げるはずですね。それはできないので、顔を上げざるをえない。

人が呼吸をコントロールできると気づいたことによって、歌が歌えるようになった。古代の日本って恋愛は歌でしていましたから、歌がうまい人の子孫を残すことができた。歌がうまいということは、息を合わせるのがうまいということで、たとえばみんなで力を合わせて、「せーの!」ってできるということです。

鯨を捕ろうというときに、みんなの銛《もり》がバラバラに当たってもダメ。「せーの!」で一挙に当たってはじめて捕獲ができる。猛獣を倒すことだってそうだし、大きな木を倒したり、大きな石をどかしたりすることも、呼吸のコントロールによってできるようになった。

「時間専用の形容詞」がない

安田 呼吸の外化は歌を生み、音楽を生んだ。孔子も「樂」をもっとも重視しているのは、それを表しているのではないかと思うのですが、僕は次のシンギュラリティというものがあるとすると、時間をちゃんと理解できるようになるのではないかと思っています。

僕たちは時間を距離の形容詞を使ってしか表現できてないでしょう。「長い」時間とか、「短い」時間とかね。時間専用の形容詞がないんです。

ドミニク おお、「時間専用の形容詞」と言われてみれば、たしかにないですねぇ。

安田 それが現れてきたときに、次のシンギュラリティの過程では面白いことが起こるんじゃないかと思うんです。

それはたとえば、蟻《あり》が塔の上から地上を俯瞰できないように、僕たちは時間をそんなふうに把握できていない。シンギュラリティの過程か後かで、それができるようになる。でも、いまでも夢の中ではまったく違う時間の感じ方をしているでしょう。夢の中では、時間はすごく変化しうるじゃないですか。

ドミニク　夢の時間は現実の因果律や時系列を無視しますね。

安田　僕たちはいま、魚に水が見えない状態と同じように時間の波の中でおぼれてしまっているでしょう。時間に、僕たちがコントロールされている。でも、かつての脳や身体の外在化と同じく時間の外在化ができれば、時間をコントロールできるようになるかもしれない。そしてそのためには音が重要な気がします。

ドミニク　面白いなぁ。時間の外在化は、どうやって起こるんでしょうね。いまは視覚で視ているものを、音で聴くようになる。でも音楽を聴くという体験は、時間の経験そのものですからね。

安田　次のシンギュラリティには文字に代わるものが出てくるんじゃないかと思うのですが、文字がなかった時代にはほとんどの人は文字というものをイメージすらできなかったと思うんです。

ですから、文字に代わる何かというのはいまの文字とはまったく似ていないもの。そう考えると音が近いかなと思うんです。音の記録は時間と密接に結びついていますしね。孔子のいう「樂」です。

心臓をコントロールできるようになる!?

安田 それができたときに、また新しい身体の外化が生まれ、いままでコントロールできなかったものがコントロールできるようになるかもしれない。そのひとつが心臓ではないかと思っています。

僕たちは息のコントロールはできるけれども心臓のコントロールはまだできないでしょ。ドキドキする心臓をコントロールするときに、コントロール可能な「息」を間接的なツールとして使って行おうとする。でも、心臓そのものをコントロールできるようになるかもしれない。

ドミニクさんには、心臓ピクニック[2]のツールがあるでしょ。あれがその可能性を一気に広げるのではないかと思っています。

ドミニク 心臓ピクニックは、聴診器を心臓に当てると、接続された箱の中のスピーカーでリアルタイムに増幅することで、手のひらで鼓動を触覚的に感じることができます。
心臓ピクニックの面白さは、まさに自己の外在化、それと他者の当事者化なんです。緊張しているときに自分の鼓動を、箱を通して手のひらで感じていると、不思議と落ち着いてくる。僕なんかは実際に心拍が下がったことがあります。

安田　それ、それ、それ。それがもっと意識的にできるようになると心臓のコントロールが、少なくとも「ゆっくりさせる」という一方向には可能になるんじゃないかと。「速くする」は怖いものを見たりすると自然になるし……。

ドミニク　それで、目の前の他人の心臓を手のひらで触ると、今度はその触覚が非常に生々しく感じられる。まるでその人の心臓を実際に手で握っているかのような。
心臓ピクニックを使ってワークショップをすると、参加者がいろいろなコメントをくださるんです。生きてる実感がする、とか、優しい気持ちになる、とか、電源を切るのが切なく感じるという人もいる。だから、心臓の音を通して、他者の生きている生の時間そのものに触れるという側面もたしかにあるのかと思います。

ハイパーテキストの迷宮とフィルターバブル

ドミニク　生命的な時間ということには、「いま・ここ」で動いているというリアリティのほかにも、その生命がたどってきた時間の蓄積という観点もあります。

たとえば法螺貝《ほらがい》は螺旋状《らせん》の形をしていますが、あれはその形がそのまま法螺貝の成長過程を表しています。このことを文化人類学者のグレゴリー・ベイトソン（一九〇四―一九八〇）は「プロクロニズム」と呼んでいますが、この概念は僕の博士論文のテーマのひとつにもなっています。

生命のたどってきた時間の重なりを生物同士であれば瞬時に感知し合うことができますが、コンピュータの世界にはこのような価値はありえるのか、という問いです。

インターネット上で時間が蓄積して価値が生まれることがあります。たとえばウィキペディアのような、何年ものあいだ、何万人という人々が紡《つむ》いできたアーカイブには、すごく大きな価値が醸成されますね。これは個人の場合でも同じようなことがあります。

先日、ちょうど松岡正剛さんの『千夜千冊』についてのインタビューというのに出演させていただいて思ったのですが、正剛さんの書物の集積もまさに発酵してます。もう二十年近く書評を蓄積されていて、グーグルでいろいろな概念を検索していると『千夜千冊』の記事がトップに出てくることが多い。それで、ひとつの記事を開いて読んでいると、また全然違う書物にリンクされていくという、まさにハイパーテキストの迷宮。

安田　ね、『千夜千冊』すごいですよね。

ドミニク　一方でここ数年、インターネットの世界では「フィルターバブル」という言葉が、ものすごく問題視されているんです。要は、インターネットの検索エンジンやＳＮＳを使っていると、自分の知りたい情報しか入ってこなくなる、という現象ですね。

安田　そうなんですよね。それは大事な問題です。

ドミニク　たとえばフェイスブックは個人の趣味嗜好から政治的志向性までを検知するアルゴリズムをものすごく精緻化《せいちか》しているので、リベラルな人がフェイスブックを使っていると、まるで世界中の人がリベラルで、自分と同じ意見かのように感じるし、その反対もしかりと。その結果、社会がさまざまなクラスターに分断されてしまうという問題です。

似て非なる「選」と「択」

安田　自分のツイッターのタイムラインだけを見ていると、選挙の予想が完全にはずれる。そうそう、それでまた『論語』に戻るとね、『論語』の中では、「選」と「択」は違う使われ方をしていて。

ドミニク　「選択」の二字が、それぞれ意味が違うんですか。

安田　論語の中には「選（撰）」のほうはあまり使われていなくて、ほとんどが「択（擇）」なのです。このふたつの語は区別されていて、意味が少し違います。「選（撰）」のほうは、与えられたオプションの中から何を選ぶかという意味です。

ドミニク　なるほど、すでにいくつかオプションが外部から与えられている状態が前提になっているということですよね。

安田　そうです。それで「択（擇）」というのは、動物の死骸を放っておいて、その腐肉の中から骨を選び出す、というのが原義。

ドミニク　うーん、それはもう自分で、なにが価値かわからないような状態の中から、価値となるものを見出していく、っていうことなんですか？

安田　そうです、そのグチャグチャの中から、何かを探してくるのが択なのです。

ドミニク　おお、つまり「択」とは、正解があらかじめ決まってない世界ですよね。「選」のほうは、たとえば大学入試センター試験みたいな感じで、五択があって、どれかが正解になる。だけど、「択」は、白紙を与えられて、正解のない問いを与えられているような状態ってことですよね。

安田　そうです、そうです。で、もし選択肢をつくるとしたら、自分で選択肢からつくり出さなきゃいけないっていう。で、論語の中の選ぶは、ほとんど「択」なのです。

ドミニク　それはものすごく本質的ですね。

安田　人が何かを選ぶときに「選」ではなく「択」ができるようになると、フィルターバブルの問題も解決に向かうのではないかと思います。

インターネット上に時間が蓄積して生まれる価値

ドミニク　いまのＩＴ産業の関心は、いかに短期的に、リアルタイムに人々の注意を奪えるかということに寄りすぎてしまっている。だから逆に、もっと長期的な時間を味わえるようになるための技術が必要だと思います。

たぶん資本原理に任せて放っておいたら、ファーストフードのような単純化された情報ばかりが流通して、我々もそういったものばかりを摂取することになりそうです。

安田　インターネットが否定されたりするのはそこですもんね。だけどじつはそうじゃない。

ドミニク　そうです。インターネットの面白さは、リアルタイム性ばかりではなく、当然蓄積される時間にも同じくらいあるはずです。

こういう長期思考が必要と考える人はシリコンバレー周辺にも意外といますね。ＷＩＲ

ＥＤ（ワイヤード）の初代編集長だったケヴィン・ケリーや『ホール・アース・カタログ』を作っていたスチュアート・ブランドがボードメンバーのロング・ナウ財団という組織があります。その目的がまさに現在を長期的な時間の中で捉え直すということなんです。

安田　へぇー。

ドミニク　実際に、一年ごとにしか針が動かなくて、一万年動き続ける巨大な時計を作ろうとしています。[3] でも、これは象徴としては面白いですが、人類の認識を変えるとは思えない。お金持ちの道楽に見えてしまいますね。そして、まさに時間を空間的に捉えるという旧来の発想から脱却できていない。

安田　文字によるシンギュラリティって、その受容にかなり抵抗があって、まだ完全には行われていないと思うのです。たとえば「温故知新」にしろね、文字シンギュラリティの成果を活用できる人って、いまだにそんなに多くないんじゃないかな。

　僕の子どものころは「本なんか読んじゃだめだ」と言われました。頭でっかちの人間になると。薪を背負って本を読む二宮尊徳も伯父さんから読書を禁止されましたし、そうですよね。いま「スマホばかりいじって」と言う人がいますが、これもシンギュラリティへの無意識の忌避行為として、スマホに入っているＡＩとの接近を禁じているのかもしれませんね。

1　『行政＆情報システム』54(3) 76-79　二〇一八年六月より、「行政におけるウェルビーイングの設計」というタイトルで連載を執筆中。

2　渡邊淳司（ＮＴＴコミュニケーション科学基礎研究所）、川口ゆい（ダンサー、コレオグラファー）、坂倉杏介（慶應義塾大学）、安藤英由樹（大阪大学）によって、二〇一〇年に開始されたプロジェクト。ドミニクは二〇一六年より、ＪＳＴ ＲＩＳＴＥＸ「人と情報のエコシステム」領域プロジェクト「日本的 Wellbeing を促進する情報技術のためのガイドラインの策定と普及」に参加してから、心臓ピクニックの展開に携わっている。

3　二〇一八年二月に、Amazon ＣＥＯのジェフ・ベゾスの寄付によって、テキサスの山間部で建設が始まっている。

3　孔子が残したマジックワード「仁」

孔子本人ですら、とても手が届かないと言った「仁」

安田　それではいよいよ「仁」の話に移りたいと思います。『論語』については、いろいろなところでお話をしているのですが、「仁」についてだけはいままであまりしてきませんでした。それは、とても自分の手に負える代物ではないと思ったからです。「仁」は、孔子がもっとも大切にしたものですが、しかし孔子本人ですらとても手が届かないと言っているように、一筋縄ではいかない。そういう意味でも、前のシンギュラリティの最大のものだったでしょう。

しかし、今回、せっかくドミニクさんとお話をするということなので、「仁」を扱ってみたいなと思いました。そこで、まずは「仁」を「思いやり」とか「いつくしみ」とか、そういうわかりやすい言葉に落とし込まずに、未知なる語、「X」にしておいて『論語』

の中の「仁」を扱っている章句を読んでいきたいと思います。まずは「仁＝X」と親和性のある語を拾うところからはじめます。

ドミニク　まっさらな未定義の状態からスタート、というわけですね。

安田　はい。「仁」と相性のいい文字群との関連から、その意味をあぶり出そうという方法です。まず「仁」に至るひとつの道として「孝」と「悌《てい》」が示されていることがわかります。逆に「仁」から遠ざかるのが、口が上手い人とか、人にいい顔をする人。「巧言」と「令色」の人です。

ドミニク　なるほど。仁から遠い「口の上手い人」というと、ソクラテスの時代におけるソフィスト、レトリックだけがうまい詭弁家《きべんか》、のイメージが湧いてきます。

安田　それから「詩」や「樂」も近しい。「仁」には儀礼や音楽を機能させる力があると書かれています。「詩に興り、禮に立ち、樂に成る」（泰伯篇八）と言っているように、孔子にとって「樂」はとても重要なのですが、そんな重要な樂も「仁」がなければ意味がないんですね（八佾篇三）。

　また「里仁」という語から始まるので里仁篇といわれている章がありますが、その最初の「里仁爲美」（里仁篇一）は「仁に里《お》るを美《よ》しと為《な》す」と読みます。「仁に里る」の「里」は、現代中国語でも内側という意味です。「里仁」とは「仁」は内側にあるものだ、内側にもつことが大事というふうに読むといいのではないかと思います。

ドミニク　ふむ、外部から観測されるものではなく、内部で経験される状態、ということでしょうか。

「仁者」の前段階が「知者」

安田　また「仁」と甚《はなは》だ相性のいい語として「知」があります。先ほどの「温故而知新」にも出てきた「知」ですね。「仁者は仁に安んじ、知者は仁を利とす」（里仁篇二）という章句があり、「仁者」に至る前段階の存在として「知者」がおかれています。

「知」というのは「故（既存の知識）」を内側に入れて発酵させていると、忽然《こつぜん》としていままで誰も考えてもいなかったような新たな切断面、知見や方法が現れるような状況だと先ほどお話ししました。「知者」というのは、そういうことをする人です。すなわちさまざまなものを内側に入れて、新たなものを出現させる人をいいます。

ドミニク　「仁者は仁に安んじる」というときの、「安んじる」というのはどういう意味なんですか？

安田　「安」の語源はいろいろありまして、たとえば白川静氏は、新たに嫁いできた女性が廟堂の中で祖霊に対して受霊の儀礼、安寧の儀礼をする文字だといっています。

赤塚忠《きよし》氏は、生理中の女性が聖処で安寧にしている姿だといわれます。宀《うかんむり》の中にある「女」の字の右下に短い横線があるでしょう。これは襁褓《きょうほう》＝生理帯ではないかと言われています。ですから「安定」の「安」になります。生理というのは聖なる状態で、そこで神《かみ》懸《がか》りになります。その文字が「若」なのですが、これは髪を乱して両手を振っているハイな状態です。神様と一体化した姿で、楽しんでいるように見えるでしょう。「神遊び」といって、日本では本来楽しむことができるのは神様だけ、人は「神遊び」を模すことによってはじめて楽しむことができるといわれてきました。

安

若

ドミニク　楽しめる。エンジョイの楽しむですか？

安田　エンジョイとはちょっと違うかもしれませんが、ひとつは安定していられるということ、そしてもうひとつはハイな状態です。

ドミニク　ウェルビーイングの領域では、心理的に「いきいき」としている状態を指すのに flourish（開花する）という言葉を使うのを思い出します。さらに、「安定していられる」

と聞くと、僕には糠床でゆっくりと発酵する微生物たちの姿が見えてきます。
　すると、仁者とは自然の世界に限りなく近い存在で、仁を利する知者というのは、そのような存在を人間の世界に翻訳して伝える人のようなイメージが湧いてきます。

「仁」を「神」と読みかえてみる

安田　また、人を好きになったり、人を嫌いになったり、憎むことができるのは、仁者だけだと孔子は言います。

　　子曰、惟仁者能好人、能悪人、（里仁篇三）
　　子の曰わく、惟だ《た》仁者のみ能く《よ》人を好み、能く人を悪む《にく》。

ドミニク　はあ、これはすごい重要そうですね。ここでいう「できる」とは、好き嫌いをする本来的な「資格」をもっている、という解釈ができそうです。
安田　そうですね。そして、それとまったく逆に読めるようなことも言ってるんです。「仁」に志したら、憎むという状況はなくなる、と。これ、違う読みもありますが。

子曰、苟志於仁矣、無悪也、（里仁篇四）
子の曰わく、苟《まこと》に仁に志《こころざ》せば、悪《あ》しきこと無し。

ドミニク　うん。どっちだ。

安田　ね。『論語』の中の「仁」には、こんなふうに「どっちだ」というのが多いんです。だから「仁」とは何なのかがさらにわからなくなる。この、わからないことを、わからないままにキープしておくことが「仁」を考える上で大切です。

ここでちょっとね、『論語』ファンからもキリスト教信者の方たちからも叱られそうなことをしてみたいのですが、「仁（X）」をキリスト教的な神と読みかえてみたい。そうするとね、「神の道に志したときに、まず人を憎むということがなくなる」となる。

ドミニク　うーん、なるほど。キリスト教の、というかヤハウェの神は嫉妬をしたり、怒ったりする擬人的な存在でもありますが、中国の「天」はたしかに非人格的なイメージです。

安田　イエスは山上の垂訓《すいくん》で「あなたがたも聞いているとおり、『隣人を愛し、敵を憎め』と命じられている。しかし、わたしは言っておく。敵を愛し、自分を迫害する者のために祈りなさい」（マタイ：5：43〜44）と言われてますでしょ。『旧約聖書』的な神は敵を憎むのですが、イエスは敵を憎むな、愛せと言っています。

人を好きになったり、憎んだりするときは、そこに利害がからむことが多いのですが、神の道に志したとき利害を離れた好悪が可能になる。そのときはじめて人を好きになったりとか、憎んだりとかすることができるようになる。『論語』では、それを実現するのが「仁」に志したときだということではないかと思うのです。

ドミニク　利害がないところの好悪。つまり、人間社会のレベルでの好悪ではなく、自然に寄り添った良し悪しということですね。

その共同体の過ち（過剰）を知れば「仁」がわかる

安田　また、こんなことも言ってます。

君子無終食之閒違仁、造次必於是、顚沛必於是、（里仁篇五）

君子は食を終うるの間も仁に違《たが》うこと無し。造次《ぞうじ》にも必らず是《ここ》に於《お》いてし、顚沛《てんぱい》にも必らず是に於いてす。

君子は食事をしているあいだも、終えるあいだも、「仁」に違うことがない。急変のときにも必ず「仁」とともにいるし、かりにひっくり返ったときにも必ず「仁」にいると。これ、おかしいでしょ。でも、これも「仁」を神に読みかえると、「つねに神とともにいる」ということになる。彼が神を手放しても、神は彼を放してくれないのです。

また、孔子は「仁」を「過ち」のほうからも考えています。ちなみに論語の中の過ちというのは、「間違い」ではなくて「過剰」をいいます。

人の過ち（過剰）というものはその共同体ごとに違うと孔子は言います。ある共同体では問題のないことも、違う共同体では過ち（過剰）と認識されることがあります。その過ちを観察すれば「仁」を知ることができると孔子は言います。

子曰、人之過也、各於其黨、観過斯知仁矣、（里仁篇七）

子の曰《のたま》わく、人の過《あやま》つや、各〻其の党《たぐい》に於《お》いてす。過ちを観て斯《ここ》に仁を知る。

ドミニク　何がその共同体で過剰と見なされるのかを観察できれば、「仁」を知ることができると。すごく相対的な見方をしているのが面白いですね。中国がさまざまな国に分裂していた春秋時代を生きた孔子ならではのリアリズムでしょうか。

安田　まさにおっしゃるとおりですね。そして、「知者」と「仁者」を対比させている章句をもうひとつ読んでみたいと思うのですが、ここでは知者は水を楽しみ、仁者は山を楽しむとあります。「知者（水）は動き、仁者（山）は静かだ」とあるように、両者の違いは、動くことと、とどまるということですね。

また、知者は楽しむけれども、仁者は「寿」であると書いてあります。「寿」は、長生きという意味ですが、それだと「楽しい」とは対比にならない。ここでは時間が長い、永遠性ではないかと思います。

子曰、知者樂水、仁者樂山、知者動、仁者靜、知者樂、仁者壽、（雍也篇二三）

子の曰わく、知者《ちしゃ》は水を楽しみ、仁者は山を楽しむ。知者は動き、仁者は静かなり。知者は楽しみ、仁者は寿《いのちなが》し。

ドミニク　なるほど、「寿」はロングナウなんですね。知者は、儚《はかな》いものを楽しみ、仁者は永続的なものを楽しむ。まるで、生物の個体と、その進化系統の関係のようにも思えてきます。

安田　はい。あるいは仁者は永続である、仁者は永遠である、と。これも「仁」を神と読みかえると、神は永遠である、になりますね。

ドミニク　なるほど。面白いのは、神のような永遠の存在を、それがどれだけ難しいとしても、人がめざすことができると考えているところですね。

「仁」は相手に一体化するほどの共感でもある

安田　はい。次は有名な章句を紹介します。

「仁者というものは自分が立ちたいと思うような状況では、人を立たせ、自分が進みたいと望むときには、他人を進ませる」とあります。

そして、そのあとに「能く近く取りて譬《たと》う（能近取譬）」とありますが、岩波文庫版ではこれを「〔他人のことでも自分の〕身近かにひきくらべることができる」と訳していますが、「たとえを取るには、その人の身近なものから」というのが古い注釈者の読みで、それだと隣人を自分自身のごとく捉えるというふうに読むことができます。

子貢曰、如能博施於民、而能濟衆者、何如、可謂仁乎、子曰、何事於仁、必也聖乎、

堯舜其猶病諸、夫仁者己欲立而立人、己欲達而達人、能近取譬、可謂仁之方也已、
（雍也篇三〇）

子貢が曰《い》わく、如《も》し能く博《ひろ》く民に施して能く衆を済《すく》わば、何如《いかん》。仁と謂うべきか。子の曰《のたま》わく、何ぞ仁を事《こと》とせん。必らずや聖か。堯舜も其れ猶《な》お諸《こ》れを病《や》めり。夫れ仁者は己《おの》れ立たんと欲して人を立て、己れ達せんと欲して人を達す。能く近く取りて譬《たと》う。仁の方《みち》と謂うべきのみ。

ドミニク　面白いですね。隣人を自分自身のように捉えられる、というのはつまり、共感能力ということのように思えます。

共感は人間には先天的に備わっているミラーニューロンという神経細胞の働きであるともいわれていて、だから情動伝染という現象が起こります。痛そうな体験をしている人を見ると、痛そうに感じたり、嬉しそうにしている人を見ていると嬉しくなってしまう。

でも、ここでいわれているのは反射神経的なものよりも深いレベル、時間軸の長い共感のことですね。自分以外の人の立場になって考えることができる。

安田　はい。孔子も共感をとても重視し、「恕《じょ》」という語でそれを表現しています。「恕」というのは、下の「心」がない「如」が元の字です。「如」は、さっきお話しした「若」

と同じで、神様と一体化して、神の言葉（口）を代弁するという意味の文字です。預言ですね。

それに「心」がつくことによって、神だけではなく人とも一体化するという意味になります。思いやるだけでなく、その人と一体化する。相手が痛いときには実際に痛くなるし、嬉しいときには体中が嬉しさにうち震える。まさに共感です。弟子である子貢《しこう》から「たった一語、これさえあれば一生ＯＫの言葉はありますか」と聞かれたときに「恕」と答えています（衛霊公篇二四）。

「仁」は天命のために命を賭すことでもある

安田　また孔子は、「仁」は死をも超えると言っています。伯夷《はくい》と叔齊《しゆくせい》という聖人がいて、このふたりは周の武王が殷を討つことに反対します。暴力による革命はよくないと。しかし、それが聞かれなかったので、「周の食べ物など食べることができない」とわらびだけを食べて、ついには餓死するような義の人です。

そんな伯夷と叔齊についてのコメントを求められた孔子は、まず「古の賢人だ」と答えます。しかし餓死をしたので、彼らはそれに対して怨んだでしょうかと尋ねられると、

「いや、仁を求めて仁を得たのだから、何を怨むことがあろうか」と答えるのです。「仁」を得ることができれば餓死をしても怨みには思わない、「仁」とはそれほどのものなのです。

ドミニク　「罪を憎んで人を憎まず」というか、自分の生きるべく「択」した道を生き抜いたのだから、属人的に恨んだりなどしないと。簡単にまねのできることではないですが、とてつもない侠気《きょうき》を感じますね。

安田　死を超える徳目ってすごいでしょ。「仁」を得ることが大変だということは他のところにも書かれています。

たとえば「志のある人や『仁』の人は、自分の生のために『仁』を害するようなことはしない。ときには身を殺して『仁』を成すこともある」とあります。

子曰、志士仁人、無求生以害仁、有殺身以成仁、（衛霊公篇九）

子の曰わく、志士仁人《ししじんじん》は、生を求めて以て仁を害すること無し。身を殺して以て仁を成すこと有り。

また、これは孔子ではなく、高弟のひとりである曾子《そうし》の言葉ですが、彼は「士は弘毅《こうき》

（偉大で強くある）でなくてはならない。なぜなら、その任務は重く、道程は遠いからだ。彼は『仁』を自らの任務とした。重くないわけがあろうか。死のみが彼の旅を終わらせる。その道程が遠くないはずがあろうか」と言っています。

曾子曰、士不可以不弘毅、任重而道遠、仁以爲己任、不亦重乎、死而後已、不亦遠乎、（泰伯篇七）

曾子の曰わく、士は以て弘毅《こうき》ならざるべからず。任《にん》重くして道遠し。仁以て己《おの》れが任と為《な》す、亦た重からずや。死して後《のち》已《や》む、亦た遠からずや。

ドミニク　天命のために自らの命を賭す、壮絶な生き様ですよね。人間の一生のレベルではなく、人類史のレベルで行動する、というような……。

安田　人類史のレベルでの行動、まさにそうですね。

「仁」とは欲した時点でそこにあるものでもある

安田　ところがですね、それと正反対に「仁というのは全然、遠くないよ」とも言っているんです。「仁」は、それを欲した時点で、ほら、すでにここにある、と。

子曰、仁遠乎哉、我欲仁、斯仁至矣、（述而篇二九）
子の曰《のたま》わく、仁遠からんや。我れ仁を欲すれば、斯《ここ》に仁至る。

ドミニク　えー！　これまでの説明を聞いていると、めちゃくちゃ難易度が高いことを要求しているように見えるんですけどね。

安田　でしょ。普通に読むと矛盾だらけの「仁」ですが、これもまた神と読みかえると、神を欲した時点で、神はすでにここにいると読めます。「求めよ、さらば与えられん」です。ところがそれをキープしておくことはとてつもなく難しいと。

ドミニク　たしかに、社会における利害関係の総量を計算し始めたら絶対に解にたどりつかなさそうですが、それは逆に計算をやめてしまえば、直観によって瞬時にたどりつける結論でもありそうです。つまり、意識の問題ですね。

結論。「仁」とは「人2・0」である

安田　このように「仁」を神と読みかえるといろいろとすっきりするのですが、むろん「仁」は神ではない。孔子の時代、「仁」という漢字はまだ存在しないんです。「仁」の中国音は「rén」ですよね。

ドミニク　そうですね、レェンですね。

安田　「人」も「rén」でしょ。

ドミニク　ああ、つまり「仁」とは「人」そのものであって、「人間とは」という話をしているということですね？

安田　はい。おそらく孔子は「仁」でなく、「人」と言っていたんじゃないかと思うのです。ただ、普通の「人」ではない。孔子は、まったく新しい人間というものをイメージして「仁」というふうに言っていたんじゃないかと思うのです。

ドミニク　ああ、ニーチェの『ツァラトゥストラかく語りき』みたいなことですか？

安田　そう、ツァラトゥストラ、スーパーマンなんです。

ドミニク　人がアップデートされた超人のことなんですね。

安田　はい。ヴァージョン2・0の身体、ヒューマンボディ2・0なんです。

ドミニク　それでいうと「仁」って人偏《にんべん》に「二」って書きますが、これは「人2・0」「ヒューマン2・0」って読めますね。

安田　そう、そう。ヒューマン2・0。ドミニクさん、面白いなぁ。

ドミニク　「ウェブ2・0」ならぬ「人2・0」なんですね、「仁」というのは。なるほど。そう考えるとなんだかわかりやすいですね。

安田　カーツワイルも「ヒューマンボディ2・0」とか「ヒューマンボディ3・0」とかいってるじゃないですか。

ドミニク　だから、これがもしかしたら、人偏に「三」（仨）になって「人3・0」。これも「rén」と読むんでしょうけどね、このルールでいったら。なるほど。

安田　はい。まさにツァラトゥストラの超人であり、ヒューマン2・0でもあるんです。たしかに孔子がめざしたのが「仁＝ヒューマン2・0」だったら、僕たちは「仨＝ヒューマン3・0」をめざすべきなのかもしれませんが、でも、まずはヒューマン2・0です。

4　ヒューマン2・0の世界

意識は無意識というビッグデータを処理するAIである

ドミニク　先ほど、「仁は欲すれば、ここにある」というところで「仁」を「神」に置きかえたときにちょっと思ったんですけど、「神」という漢字自体も人間の心とすごく密接に関係しているものですよね。

安田　おお、もうちょっとお話しください。

ドミニク　「神」という字を「心」に置きかえたら、心理的シンギュラリティ仮説というのがわかりやすくなるんじゃないかなと思って。

どういうことかというと、心が発明されたというか、言語によって心というものが定着したというときに、もうひとつの見方として、意識と無意識というのが分離されるようになったというか、意識という概念が発明されたんですよね。意識が時間を固定することで、未来にプロジェクション（投影）をして、過去をルックバック（振り返る）できるようになった。

これはウェルビーイングを共同研究している渡邊淳司さん（NTTコミュニケーション科学基礎研究所）がいっている表現で、僕はすごく好きなんですけど、「もともと意識とは人間にとってのAI的存在なんじゃないか」、と。

それはどういうAIかというと、無意識という名のビッグデータの渦《うず》を処理して、意味を抽出してくれるAIなんですね。

安田　なるほど、なるほど……。

ドミニク　だから僕たちは自由意志に基づいて行動しているように見えて、オートマチックに自動実行してる部分が多いんじゃないかと。

普段は、人はすごく主体的にものを考えているように感じますけど、意識というAIが無意識から上ってくるデータを打ち返しているにすぎないかもしれない。たとえば僕とかも、検索で見つけた記事を読んでいて、なかなかいいこと書いてあるなと思ったら、自分が十年前に書いたものだったりする。

安田　よくある……。

ドミニク　そのことに気づいて、なんて自分は成長してないんだろう？　と愕然《がくぜん》ともする。だからもう、自動書記をしながら生きているんじゃないかなと思うときがあります。

安田　僕たちは起きている時間ですら無意識の状態が多いってユングもいってますし、心理学者のジュリアン・ジェインズも、「私はほとんど無意識で生活している」っていってますね。

ドミニク　ベンジャミン・リベットという人が一九八〇年代に行った有名な実験で、人間に根源的な自由意志はあるのか？　という問いに疑問符を突きつけたものがあります。

　被験者が腕を動かしてボタンを押すという行為の最中に、筋電位と脳波を測った。すると、ボタンを押そうと自覚的に意識した時点よりも三〇〇ミリ秒も早く、脳内の運動準備電位という変化が観測されたのです。

　この実験にはいろいろな解釈があって論争も起こっていますが、実験結果だけを見たら動かそうと思う意志が発動するよりも、動こうとする身体のほうが早い。

安田　うん、早い。

意識的につかもうとすれば消えてしまうもの

ドミニク　リベットはこの結果から、意志とは拒否する力、Free Won'tをもつ、という面白い言い方をしています。

だから、意識というのは身体のあとにやってくるプロセスとして生まれたものなのかもしれない。乱雑な動きを自動的に制御する「心」という機能を人が内蔵したことによって、それまではごった煮であった無意識の世界を処理できるようになったんじゃないかなとも思えてきます。

ひるがえって仁者の時代では「心」というものが、主に自然な無意識によって構成されていたと考えてみる。すると、たとえば夢のなかで何かを聴く、もしくは占いを立てるといった行為を、現代ではＡＩのようなテクノロジーに仮託するようになったといえる。だから、「聴く」という身体性が、文化的にも物理的にも後退してしまったのかもしれない。だけど、欲すればある、というのは、無意識の声に気づくということかもしれない。それは現代でも可能なわけですよね。

そこで思い出すのが、意識的につかもうとすると消えてしまうものの感覚って、夢を見ているときにすごく近い気がするんですよね。

安田　あー、なるほど、なるほど。

ドミニク　僕、十代のころに夢の記録を定期的につけていたんです。すると、ほぼ毎晩、明晰夢《めいせきむ》が見られるようになったんです。けっこう単純なトレーニングで、とにかく毎日、夢の記録をつけていると、一週間ぐらいで明晰夢が見られるようになるんです。
それで、印象的な明晰夢を見ているときの感覚の記憶がいまでもすごく残っている。すごく気持ちのいい風景なんかは鮮明に覚えていますね。たとえば、エベレストみたいな美しい山脈が見えるんだけれど、その下に砂浜があって、不思議と南国風の海が広がっている、という夢のことを覚えているんです。
その光景を見たときに、「ああ、あそこに行きたい！」と強く思う。でもその「行きたい！」と思うこと自体が意識を作動させてしまって、それが夢の進行を阻害《そがい》してしまって、夢が終わりそうになる感覚って、あるじゃないですか。

安田 うんうん、ありますね。あります。

ドミニク それで、その感覚も明晰夢では覚えているんですよね。「ああ、強く意識しすぎたから、もうダメだ」ってやってるうちに、「あーあ、目が覚めちゃった」、みたいな。意識が無意識を阻害するというのは、このことに近い気がします。

安田 なるほど。うん。

「仁」は無意識に根ざすもの

ドミニク　だから、孔子の表現も、もしかしたらちょっと意地悪な書き方なのかもしれない。つまり、意識的に欲しようとしたらたぶんつかめないものなのかもしれない。

それはたとえば、認知科学者のミハイ・チクセントミハイが定義したフロー状態という現象があります。一言でいうと、「忘我の状態」で、意識が浮遊しているような状態のことです。

イチローみたいな人はバッターボックスに立つときに、フロー状態になっているらしいですね。日々、ものすごい特訓をしているわけですが、実際に打つときには意識は動かさずに、身体的無意識に身を任せている。

だから、意識というものが注目を浴びるほど、逆に無意識の邪魔をしてしまって、昔の人間が自由にアクセスしていた領域にアクセスできなくなってしまっているのかもしれない。だから、「仁」の根源というのは、情動であるとか無意識と呼んでいるところに根ざすものなのかなって気がするんですよね。

安田　なるほど。

ドミニク　それはつまり、人為に頼らないと言い換えることもできそうです。

安田　そう。人為じゃないというところがすごく大事だと思うんです。意識ではないというか。

能で「サシ」という拍子に合わない謡があり、それに大鼓、小鼓が囃《はや》すのですが、大鼓、小鼓も自由に囃していて、謡うほうも自由に謡っているのに、最後がピッタリ合うんです。これが、なぜなのか不思議で、一度、謡いながら観察してみようと思ったんです。その途端、合わなくなる。

ドミニク ああ、まさに意識が妨害してしまう。

安田 気にせずやっているとピッタリ合うけれども、観察しようとすると合わなくなる。

ドミニク 観察しようとすると破綻《はたん》する、というのはまさに夢のようです。

昔の日本語には「感じる」がなかった

安田 そう。だから僕は夢を記述した「夢日記」というのは信じないんです。文字にすると夢は夢じゃなくなる。

ドミニク よくわかります。言葉で記述できるものではないですね。僕の夢ノートは自分が夢を忘れないように書いたもので、人に見せられるものではありません。言語化される前の感覚の記録ですから。

安田 ハワイ語を勉強しようと思って大学書林の本を二冊読んだのですが、そのときに言語の発達過程のひとつに、コレクティブ（集合的）なものから個人的なものへの変化があるんじゃないかと思いました。

たとえば日本語の古語に「かなし」という言葉があるでしょ。古語では第一義は「かわいい」です。たとえば幼児にしても、子猫にしても、小鳥にしても、顔の比率が体に対して大きいし、目も大きい。そして全体の個体の中では、だいたい小さい。そういう存在がここにいたら、多くの人が「かわいい」と思うでしょ。それが古語の「かなし」、多くの人がそれを「かなし」と思う。コレクティブなんです。

ところが現代語の「悲しい」は、すごく個人的。去年、母と師匠を亡くしましたが、僕は悲しいけれども、他の人はお悔みを言ってはくれるけれども僕のようには悲しくない。当たり前ですね。多くの場合、古語のほうが集合的なんです。

いまでもそれを残しているのがハワイ語のような固有の文字をもたない言語です。もともと言語も感情も、とても無意識的だったり、そして集合的だったりしていたのではないかと思うのです。

ドミニク　なるほど、無意識的なものは自他の分類がされてない。意識的というのはパーソナルなんですね。

安田　うん、もちろんすごく個人的な無意識もあったりする場合があるけれども。

ドミニク　それで思い出したのが、英語では「感情」と「情動」が区別されているんですけど、情動は「felt emotion」なんです。

安田　felt emotion、felt を使うんですね。「情」だからか。フォーカシング（心理療法の一つ）ではフェルト・センスといいますね。

ドミニク　はい。それで感情は「perceived emotion」なんですね。だから、perceive、つまり認知しちゃってるものなんです。

安田　なるほど、なるほど。一回 perceive する。

ドミニク　感情は一回、意識上にのぼっちゃってるんだけど、情動はもう、feel したとしかいいようがないもの、なんです。だから、たぶん「聴く」は felt に近いのではないでしょうか。観察しちゃった、というのはたぶん perceived に近くて。

安田　これ、面白いですね。「感」という字には訓がないでしょ。訓がないということは前・古代の日本にはなかったということ。昔の日本語には「感じる」がなかった。「かなしみ」はあるけれど「悲しみを感じる」はない。

ドミニク　だから仁者が安んじたのは「情動」の世界であって、知者が行ったのは、それを「感情」に翻訳することだったのかもしれない。

安田　なるほど！

孔子やニーチェは、なぜ「ヒューマン2・0」をめざしたのか

安田　孔子が大好きだったのは周公旦です。釈先生のときにもお話ししたのですが、殷の時代は超越的存在である「帝」に何かをお願いするときには生贄を使ったのに、周になると生贄がなくなる。『尚書』の「金縢《きんとう》」篇などを読むと、生贄をやめさせたのは周公旦だったのではないかと思うのです。周になると「帝」が「天」に変わりますが、「天」という字が人の頭を意味するように、天上にいた超越者は、周になると人の体内に入ってきたのです。

ドミニク　体内に入ってきたというと？

安田　それまでは外にあった超越者（帝）を、周公旦は一度内側に入れた。「帝」はいまでいうと神ですからね。それが人と一体化した。すなわち神と一体化した人間、それが「仁」、すなわちニーチェのいう超人、スーパーマンだと思うのです。

ドミニク　うーん。そこで思うのが、なんでそういう思想を孔子がその時代につくったのか、ということです。孔子個人としての問題意識なのでしょうか。それとも、時代的な要請に応えるための社会システム構想として、そういう思想が生まれたのでしょうか。

ニーチェの『ツァラトゥストラかく語りき』は十九世紀に書かれていましたが、当時は

まさに激動の時代だったわけですよね。啓蒙主義やロマン主義を経て、産業革命も起こり、国民国家というものが生まれたり解体されたりするなかで、ニーチェはある種の超越論を書いた。そして、彼もいろいろと聴こえたりしていた人ですからね。

安田　うんうん。

ドミニク　だから、十九世紀という時代は現代から近いので、なんとなく想像できるのですが、孔子はどういう時代背景で「仁」を構想したのでしょう?

安田　孔子の時代というのは、まさに「あわい」、すなわち狭間《はざま》の時代です。

まず「心」ができて約五百年後で、「心」がまだしっかりと定着していない。「心」というのは文字ができた紀元前一三〇〇年ごろの殷にはなかった文字で、それからおよそ三百年経った周の時代にはじめて生まれます。

「心」というのは「時間」を知る精神機能で、それによって人は未来のことを考えたり、過去から教訓を得たりができるようになった。でも、それがちゃんとできる人はわずかで、多くの人は未来を考える機能の副作用である「不安」だけが増大した。『論語』は、そのための処方箋的な役割も大きかったと思います。

孔子は「刑（法）」と「政（力）」によらない統治を求めた

安田　もうひとつは、「心」を生み出した周的な「徳」による統治が崩れ出し、群雄割拠《ぐんゆうかっきょ》が始まりました。そこで孔子は個々人の中に「徳」の開花を期待する「仁」を考えたのではないかと思います。

国家や共同体による上からの中央集権的な縛りを必要としない、独立した個々人が徳を備えたヒューマン2・0になり、その集合による新たな共同体を創造する。

でも、この考え方は、結局受け入れられず、「仁」は「思いやり」とか、そういう無難なものに変えられてしまいました。最初にも言いましたが、孔子の考え方はニーチェの考え方と同じぐらいに危険な考え方だったし、ヒューマン2・0の人間なんかできちゃ、「国家」としては、本当は困る……。

ドミニク　為政者からしてみれば社会秩序が成り立たなくなりそうですからね。

安田　はい。孔子の時代は、まさに春秋時代。これが極まると戦国時代になります。そして、最終的には、秦が「法」と「力」という中央集権的な装置によって統一をするでしょ。

ドミニク　はい、そうですよね。法家が国家の中心に立ち、法治主義が徹底された。

安田　「法」と「力」は孔子の語を使うと「刑」と「政」です。

「刑」は「井形」が原義で、「型」や「形」というような意味でしたが、だんだん法律による刑罰という意味に変化してしまいました。また、「政」というのはもともとが「征」と同じような意味でしたから、力による統治。孔子は、始皇帝のような「刑（法）」と「政（力）」による統治ではなく、「禮」と「樂」による統一の可能性を探そうとしたんじゃないかと思うのです。

いとうせいこうさんのときにもお話ししたように、孔子の放浪は諸国にばらばらになった「樂」を完成させるために収集しに行ったんじゃないかと思うのです。「樂」というのは無意識に働きかける装置です。それこそ「政（力）」と「刑（法）」による統一というのは、意識の部分の統一でしょ。

ドミニク そうですね。それは「仁」から遠ざかるとされる「巧言令色」とか、「仮面をつけて演じる」という結果になっちゃうということですね。

君子は「和」するけれども「同」はしない

安田 そうそう。そうすると人は抜け道を見つけ出そうとするし、恥もなくなると孔子は言う。法や力ではなく、「禮」や「樂」というものを中心とした、各人が個人個人としてばらばらでいながら、しかし統一されているという統一、それを模索していた。孔子はそれを「和」という言葉で表現します。

ドミニク　ほぉ、これこそが和なんですね。

安田　はい。孔子は「和して同ぜず」と言っていますが、「和」は古くは「龢」と書かれます。

これはさまざまな音程の楽器を一緒に鳴らして、調和のある音を出すという意味の文字で、この逆が「同」。同じ音を鳴らすことをいいます。違う意見や違う考えの人が一緒に集まるのが「和」で、みんなが同じ意見を言うのが「同」です。

君子は「和」するけれども「同」はしないと言っています。聖徳太子が十七条の憲法で「和を以て貴しと為す」と言ったときの「和」も「龢」の字を使っています。

ドミニク　へぇ、なんともポリフォニックなイメージなんですね。個として自律的に振る舞いながらも、同時に全体とも連動している。そして、戦国時代におけるピースフルネスを求めた結果、ヒューマン2・0に行きついてしまったということなんですね。

安田　おお、またまたドミニクさん、面白い。だからヒューマン2・0の人間じゃないと、ピースフルにはできない。

ドミニク　できないというのが、彼の結論だったわけですね。でもそれは「いまだ至れず」、ともいう。

王者が出現すれば三十年で「仁」の世界が実現する

安田　はい。しかし、孔子は「仁」の世界の実現というのは期待していたと思うのです。「仁」に関して、孔子が不思議なことを言っている章があります。孔子は、「もし王者が出現したならば、必ず三十年で『仁の世界』になるだろう」と言う。

子曰、如有王者、必世而後仁、（子路篇一二）

子の曰わく、如《も》し王者あるも、必らず世《よ》にして後《のち》に仁ならん。

ドミニク　王者がいたら必ず三十年で「仁の世界」……いきなり具体的な数字ですね。

安田　この章句は、普通は「かりに王者が出現しても、いまは世の中が乱れているから

『仁の世界』になるには一世代（三十年）かかるだろう」と読まれていますが、僕は「王者」が出現したら三十年で「仁の世界」が実現すると言ったと読みたい。だから訓読も「王者あるも」ではなく、「王者ありて」となります。

意味としては似ていますが、ちょっと違うでしょ。「仁の世界」というのは、ほとんど全員がヒューマン2・0の世界です。

ドミニク　すごい。それにしても、この王者というのは、どういう存在なんですかね。どんな方法を使って、三十年で人間をアップデートするんでしょうか？

安田　まず「王者」という語自体がかなり変な言葉というか、危ない言葉です。「王者」という語は『論語』の中ではここにしか出てきませんし、孔子の前の時代のものであるといわれる『詩経』や『尚書』の中にもありません。「王」というのは周王朝や殷王朝の王だけを指す言葉です。孔子が尊敬していた周公旦は王族ですが、しかし彼ですら王ではなくて、「公」です。「王」は本当に王だけなのです。

そんな「王」と一般人を指す「者」とは本来は一緒になりえない語です。ですから「王者」というだけで、聖なる存在と一般人とが合一している。これはかなり不遜《ふそん》というか、危険思想だったんじゃないかと思うのです。

ドミニク　へぇ、すごく緊張感がある組み合わせで、ゾクゾクしますね。

孔子が「王者」だと期待した人物

安田　孔子は、王族ではない人から王のような人、王者が現れる、そうしたら「仁」の世が出現すると言っています。

孔子は「自分は仁ではない」と言っていますから、彼は「自分は王者ではない」と思っていたのでしょう。じゃあ、誰なのか、というと、これを高弟の顔淵《がんえん》に期待していたのではないかと思うのです。

孔子は「後生畏《こうせいおそ》るべし」（子罕篇二三）と言っています。そして、この「後生」を「顔淵を指す」という人もいます。また、孔子は「自分は顔淵に劣る」と言っていますし、「王者云々」の章句も、孔子が顔淵に告げた「一日、克己復礼ができれば天下はすべて仁に帰すだろう」（顔淵篇一）を思い出します。これは顔淵だからこそ「仁の世界」の実現が可能であると思っての言葉だったのではないでしょうか。

孔子は、いままでの世界を一変させてしまう「王者」としての可能性を顔淵に見ていたのかもしれません。まるでイエス（顔淵）を待ち望んだヨハネ（孔子）のようにね。ところが顔淵は若くして死んでしまった。その死に対して孔子は「ああ、天は私を滅ぼすのか、私を滅ぼすのか（噫天喪予、天喪予）」（先進篇九）と嘆きましたし、弟子たちを驚かせるほどの「慟哭《どうこく》」もしていました。死者に対しての泣き方には禮があって、弟子の死に対する「慟哭」は禮にはずれている。でも、それほどに悲しかったし、残念だった。で、もし、顔淵が長生きをしてくれて「王者」になったら、三十年で世界中の全員がヒューマン2・0の人間になるよと孔子は言ったんじゃないかな。
それは実現しなかったけれども、現代はそれにすごく近くて、いまはインターネットやAI、そしてXR（仮想現実、拡張現実などの総称）もあり、もしいまイエスのような人がいたらすごいと思いませんか？

ドミニク　なるほど、文字の次のシンギュラリティを経た聖人が、どんなメディアを駆使するのかを考えるのは、スリリングです。そういえば二〇四五年まで、ちょうどあと三十年くらいですね。

安田　むろんイエスである必要はありません。お釈迦様もいいですね。そういう方が出現すると、三十年もあれば、世界中の人たちがヒューマン2・0になれるかもしれない。そういう意味でもこの孔子の予言、すごく面白いなと思うのです。

ドミニク　でもすぐにアメリカ政府とかに弾圧されちゃいそうですけどね。

安田　ははは、絶対。日本政府でも危ない。

ドミニク　テロリストかカルト集団として抹殺されてしまいそうですね。そして、中東に落ちのびるとか。

安田　中東に出現する。ありえますね。

いままさに求められている仁者

ドミニク　アメリカが出てきたところで、まさにいまの合衆国で求められているのは仁者の登場なわけじゃないですか。

もう、どこの国を見ても、いまの政権は不仁のオンパレードですよね。だから、仁者というテーマは現代にとって、すごくアクチュアルなものだと思います。

このXを神に置きかえる、というのもそうだし、もしくはAIに置きかえるっていうこともできるかもしれない。それか、AIと協働する人間という意味での、サイボーグというふうに置きかえてもいいかもしれないし。

安田　AIもサイボーグやロボットも、自分の脳や身体の外在化ですものね。

孔子がいろんな徳目に関しては「忠（中＝旗）」とか「徳（道と目）」とか「礼（供え物）」などのモノに関する語を使っているにもかかわらず、もっとも大事な「仁」に、ただ「人」だけを使っているというのが、すごく面白いと思うのです。

ドミニク　なるほど。「人」はあくまでも器なんですね。

安田　『論語』についてはいろいろ考えてきましたが、「仁」に関してはいままで一度もちゃんと扱ったことはありませんでした。今日はじめて扱ったのですが、ヒューマン2・0のアイデアをいただいて、これはとても大きな可能性を感じています。これから、もっと深めたいと思っています。

ソクラテスのフィロソフィアと孔子の「知」の近さ

ドミニク　そんなふうにおっしゃっていただいて、とても光栄です。

ほかにも思ったこととしては、ソクラテスの時代に、いわゆるフィロソフィアという概念が生まれました。これは「知の愛」で、まさに孔子の「知」とも関係するところが大きいと思いました。大事なのが、プラトンが『Res Publica』（『国家』）の中で、「フィロソフィア」は「フィロドクサ」ではないと言うんですよね。

安田　なるほど、なるほど。

ドミニク　「ドクサ」とは何かというと、オピニオンのことなんですね。

だから当時、アテネにはたくさんのオピニオンリーダーが跋扈《ばっこ》していた。まさに、「巧言令色」の人たちがたくさんいて、プラトンはそういう人間を「ソフィスト」と呼んで、非難した。すごく弁舌が上手で、人心をうまく誘導する、だけど、肝心の「もと」がないから、倒錯する。「もと」っていうのはなにか、それが「知への愛」だという。

このとき、フィロ＝愛というところが根源的な価値になっているのがすごく面白いなと思うんです。先ほど、仁者のみが「好悪」をジャッジできるという話題がありましたが、現代においてそのような自然に即した「愛」をもてるのは、もしかしたらもうＡＩしかないのかもしれない。

もちろん、これは原理的な話であって、現実のＡＩは人間のバイアスを強化するように作動しているものがほとんどです。どうしてそうなるかというと、企業がＡＩを作っているからです。企業は、利害の巣窟《そうくつ》なので。

安田　なるほど。

ドミニク　だから、仁者的なＡＩは、放っておいたらたぶん開発されません。おそらく、非営利組織的な、公的機関が作らないといけないと思います。

安田　ああ、それ面白いですね。

ドミニク　それでいうと、「過ち」が「過剰」であるという指摘も、まさに今日の情報社会では刹那《せつな》的な経済原理の過剰からフィルターバブルが生み出されている。それに対してロングナウのような長期的志向性（long-term thinking）の議論があるわけですが、これには「寿」という永遠を志向するという考えがある。

だから『論語』はすごく現代の文脈に読みかえることができるんだと思いました。

「仁」とはプログラムの変数みたいなもの

ドミニク　それで、いかにして仁者が登場する状況を用意できるのか、と考えると、家庭の「仁」も、会社の「仁」も、国家の「仁」も、あらゆる社会的レイヤーにおける仁的状態とはなにか、ということを考えてみたいですね。

そうすると、共通言語《プロトコル》としての「仁」を使って、どうやって合意形成のコミュニケーション・システムが作れるか、ということに関心が向きます。

安田　釈先生とのお話でも触れたのですが、『論語』の中に、孔子は「仁と利と、それから命についてめったに語らなかった」（子罕篇一）と書いてあるのに、『論語』の中にもっとも多く現れる徳目が「仁」で、一〇八回使われています。しかし、「仁」とはなにかという定義は一度もされていません。

ドミニク　ずるい。

安田　だからたぶんいまだったら孔子は、Xにして話をしたかもしれないですね。

ドミニク　意図的にそうしたのかもしれないですね、置きかえ可能にするために。

安田　ええ。だから「仁」なんていう、もっとも曖昧な言葉を使ったのかもしれないですよね。

ドミニク　なるほど。とすると、「仁」とはプログラムの変数みたいなものですね。だから、プログラムが実行されることではじめて「仁」に値が代入されるのか。うん、なんだかイメージが湧いてきました。

安田　なるほど！　変数。固定された概念ではない。いや〜、面白いですね。これ、もっと深めたいのですが、そろそろ時間のようです。これからも考えていきましょう。よろしくお願いします。今日は本当にありがとうございました。

ドミニク　今日は、『論語』について教えていただいて、未来のイメージがかなり発酵してきた気がします。ありがとうございました！

エピローグ

「俺が、俺が」の世界

朝夕の通勤時間、都市の駅は殺伐《さつばつ》としています。

我先にと改札を通り抜けようとする人たち。道を譲ろうとする人もいない。あまりの迫力に軽く微笑んで道を譲っても、それがさも当然であるかのように会釈もしない。動きがゆるやかな老人でもいようものなら露骨《ろこつ》に嫌な顔をします。電車に乗れば、不機嫌そうに押し黙り、電車を降りるときにも声をかけることすらしない。

たぶんみなさん気分が悪いと思うんですよね。でも、おそらくみなさん「気分はいいほうがいい」と思っているにちがいない。それなのになぜ人は気分が悪くなるようなことをするのでしょうか。

これは電車だけではありません。

グループができる。みんな仲良くできればいいと思う。でも、必ず仲違《なかたが》いが起きる。気分が悪くなるような事態が生じる。やがて小グループに分裂し、互いに互いの悪口をいうようになる。そして、みんなの気分が悪くなる。

個人でもそうですね。いつも不機嫌そうな顔をしている人がいます。何をするにもつまらなそう。その人は「不機嫌」で人をコントロールしてきたのでしょう。その人がいるだけで他の人の気分も落ち込む。周囲を暗黒にするブラックホールのような人です。

「なぜ、そんな顔をしているのか」と尋ねると「生まれつきだから仕方がない」という。そんなことはありません。赤ちゃんのときには違っていたはずです。この人だって、本当はもっとにこやかに生きたいのではないでしょうか。

なぜ、人は「わざわざ」気分が悪くなるような社会を創り上げてしまうのでしょうか。

これは、なぜ戦争が起きるのか、なぜイジメが起きるのか、なぜ貧富の差があるのかにもつながる問いです。その答えは単純にはいえないことを承知の上、それでもひとことでいってしまえば、それは人類がまだ「人＝ヒューマン１・０」だからではないでしょうか。

「人＝ヒューマン１・０」たちによる世界とは「俺が、俺が」の世界です。人よりもよくなりたいと思う、人よりも楽をしたい、人よりも権益を手に入れたいと願う。そんな「俺が、俺が」の世界に私たちは住んでいます。そりゃあ、世の中、殺伐とするわけです。

「仁＝ヒューマン２・０」の世界へ

それでも「人＝ヒューマン１・０」の世界は、弱肉強食の世界よりはだいぶましになったのでしょう。弱肉強食の世界には容赦はありません。俺のほうが隣の奴より喧嘩が強そうだと思えば、隣の奴を殴ってでも相手のものを奪うということもあったでしょう。ときには殺害してしまうなんてこともあったはずです。私たちの世界でもこのようなことが起きることもたまにはあります。しかしそれは日常茶飯事ではありません。駅でぶつかっただけで「なんだこの野郎」と殴ったり、殺してしまったりなどということも、まあ、たまにはありますが、でもそう頻繁《ひんぱん》には起きない。

これを、法律による抑止力のおかげだという人もいます。しかし、私たちが隣人を殺さないのは法律で縛られているからだけではありません。心のどこかに植え付けられている「そんなことをしてはいけない」という、ある価値観が隣人を殺害するのを止めているのです。自分のことも、まして他人のことなど考えていられないような戦場においてですら、幼児を殺害するには抵抗があるといいます。私たちの心の中には、法律を超える何かが植え付けられているのです。

それが「徳」なのかもしれません。「徳」が最初に現れるのは孔子の生まれるおよそ五百年前です。本文でも触れた『大盂鼎《だいうてい》』にも現れています。「徳」とは「道（彳）」と「まっすぐ（直）」と「心」から成る漢字で、「この道をまっすぐいけばうまくいくよ」という意味の漢字です（最初にできたときには違う意味でしたが）。

私たちは知らず知らずのうちに「徳」を身につけて、「人＝ヒューマン1・0」として生きているのです。

そして、孔子が次にめざしたのは「仁＝ヒューマン2・0」でした。「仁＝ヒューマン2・0」の人類は、わざわざ人間関係をぐちゃぐちゃにしたりはしません。不機嫌な顔をして他人をコントロールしようなんてことも思いません。だから人に対してつらく当たる必要もありません。放っておいても人間関係がなんとなくうまくいく、そんな人たちが「仁」の人たちです。

そんなの理想だよ、と思うでしょう。しかし、弱肉強食時代の人たちから見れば、いまの「人＝ヒューマン1・0」の世界だって想像できなかったにちがいありません。

「仁」を実践した二宮尊徳翁

そして、日本には、そのような「仁」によって村の経営を企画し、実践し、そして幾度となく成功に導いた人がいます。二宮尊徳翁《にのみやそんとく》です。薪を背負って本を読んでいる銅像を校庭で見たことがある方も多いでしょう。そう、二宮金次郎さんです。

内村鑑三《うちむらかんぞう》は『代表的日本人』（岩波文庫）の中で、日本を代表する五人の人物を挙げていますが、そのひとりが二宮尊徳です。彼は尊徳翁を農民聖者と呼んでいます。なぜなら、荒れた村落の建て直しに力や財ではなく、「仁」を用いたからです。『二宮翁夜話』に「我道は、荒蕪《こうぶ》を開くを以て勤とす」とあるように、荒れて雑草がぼうぼうの土地、村民がやる気をなくしてしまっている村、その建て直しが尊徳翁の勤めとするところでした。「荒蕪」といっても、それにはいくつもの種類があると尊徳翁はいいます。その中でもとくに重大な荒蕪は「心田」の荒蕪、すなわち人の精神が荒れていることだといって、まずは「心田」を耕すところから始めます。いままで誰も成功しなかった荒廃した村の建て直しを任された尊徳翁は、まずは家を一軒一軒回って地道に調査をします。そして、「仁術さえ施せば、この貧しい人々に平和で豊かな暮らしを取り戻すことができます」（『代表的日本人』）と、「仁」によってまずは村人の心を耕すことから始めたのです。

「欲（財政）」を中心とする、いまの地域活性化とはだいぶ違いますね。彼は、すべての（現代的にいえば）助成金を拒否します。ただ、村は荒廃しているし、人々は貧困にあえいでいる。お金は必要です。そこで自分自身の全財産をすべて整理してお金を作ります。それを村人に無利子で貸し付けました。全財産を整理してしまったので無一文になります。彼自身が村人と同じ貧困者となって、ともに村の開発に当たったのです。

十年の歳月をかけて、それは成功を収めるのですが、ここでひとつ注意が必要です。仁術による施策といっても尊徳翁が「善の押し売り」をしたと誤解してはいけません。

翁は「吉凶・禍福・苦楽・憂歓等は、相対する物なり」といいます。猫にとっては鼠《ねずみ》をとるときは一番の楽しみだけれども、とられたほうの鼠にとっては一番の苦しみになる。同じように勝ちを得て喜ぶ人もいれば、負けて悲しむ人もいる。利を得て喜ぶ人がいれば、利を失って憂《うれ》うる人もいるという。いわゆる「ウィン=ウィン」などというのは、大きな視点から見てみればまやかしであることが多々あります。

万人にとっての善というのは存在しないのです。

万象具徳で「和（龢）」を実現する

尊徳翁は「万象具徳《ばんしょうぐとく》」といいます。あらゆる現象・存在には「徳」がある。「よさ」があるのです。ただ、その「よさ」は人によって違うともいいます。ある人にとっての「よさ」は、他の人には「悪」に見えるかもしれない。たとえば「ゆったりしている」という徳をもっている人は時間など気にしない。だからよく遅刻をする。それは「時間を守る」という徳をもっている人からは悪に見えてしまう。万象具徳ということは、万人にとっての善というものは存在しないということでもあるのです。

尊徳翁はただの理想主義者ではなかった。

「どんな〝良法仁術〟を使っても、村中に一戸も貧者をなくすることは難しいだろう」といいます。なぜかというと、人の性として勤勉な人もいれば怠惰な人もいる。強い人もいれば弱い人もいるし、智愚《ちぐ》もある。積善の家もあれば、不積善の家もある。前世の宿因もある。

怠惰がいっこうに直らず仕事をしない、仁に対しても「ふん、そんなもの」といって、結局貧乏になってしまう人もいる。

では、そういう人に対してはどうするか。

尊徳は、そういう人には、その時々の不足を為政者が補って、そして本当に困るような事態には陥らせないようにするのがいいと言っています。その人にとっては怠惰が「徳」であり、天命であるわけですから、それを勤勉にすることはその人にとっては余計なお世話だし、いらぬおせっかいなのです。その怠惰を大切にするのが万象具徳です。

現代ならば「あいつだけズルい」という人もいるでしょう。しかし、周囲の多くが「仁

＝ヒューマン2・0」ならば、その人に対してズルいなんて思わないはずです。

だいたい、すべての人がいい人、すなわち「仁＝ヒューマン2・0」の人間だということはひょっとしたら気持ちが悪いことかもしれません。ヒューマン2・0の人もいれば1・0の人もいる。いや、もっと前の世代の人もいる。そういう人が混在しているから面白いし、それをよしとするのが「和（龢）」であり、「仁＝ヒューマン2・0」の世界だと思うのです。

混沌とした世界でこそ『論語』を読む

現代の日本は「正しいこと」をめざすあまり、たとえば金額的には〇・四五パーセントしかない生活保護の不正受給に目くじらを立てる人の声が大きく、本当に必要な人に届きにくくなっています。街中にクレーマーが増えて、日本人全体がきわめて狭量になっています。「法」を重視するあまり、「仁」からは遠ざかっています。

宝塚歌劇のショーに『BADDY《バッディ》――悪党《ヤツ》は月からやって来る（上田久美子作・演出）』という作品があります。これはひとつの国家に統一され、全大陸が平和化された地球、ピースフル・プラネットが舞台です。世の中から「悪」という言葉も「戦争」という言葉もなくなっています。でも、その国家が建国された百三年前に「こんな地球は息苦しい！」と月に出て行ってしまった人（バッディ）がいて、彼が仲間を引き連れて地球に戻ってきて大暴れするというお話によるショーです。

「仁」とは何か、「悪」とは何か、そして「和」とは何かを考えさせられる作品です。


今回、三人の「すごい」方たちと『論語』をめぐって、さまざまなお話をさせていただきました。同じ『論語』の章句が、人によってまったく違う様相を示すことをお読みいただけたと思います。開かれた真理としての『論語』は、受け手によってさまざまな顔を見せてくれます。

いま世界は専門化しています。『論語』のことは『論語』の専門家しか話してはいけない、書いてはいけないという風潮があります。古典の読みですら狭量になっています。しかし、『論語』の本当の魅力を引き出し、そしてそれがこの混沌とした世界に寄与できるのは、このような方たちの、何にもとらわれない読みではないでしょうか。

世界がより狭量になりつつある現代、しかしヒューマン2・0への道はさまざまなところから模索されてもいます。この混沌こそが新たな時代へ向かいつつある兆候なのかもしれません。

この混沌の波をかき分けつつ泳いでいくためにも、もっと多くの方と『論語』を共有していきたいと思っております。

二〇一九年四月

安田 登

本書は、それぞれの対談（いとうせいこう氏：2015年12月9日、釈徹宗氏：2016年2月17日、ドミニク・チェン氏：2016年12月2日、いとう氏と釈氏の対談はミシマ社のウェブマガジン「みんなのミシマガジン」に掲載）の内容に、大幅に加筆修正し、再構成したものです。

対話した方々のプロフィール

いとうせいこう
1961年生まれ。編集者を経て、作家、クリエイターとして、活字・映像・音楽・テレビ・舞台など、さまざまな分野で活躍。1988年、小説『ノーライフキング』（河出文庫）で作家デビュー。『ボタニカル・ライフ—植物生活—』（新潮文庫）で第15回講談社エッセイ賞受賞。『想像ラジオ』（河出文庫）が三島賞、芥川賞候補となり、第35回野間文芸新人賞を受賞。近著に『今夜、笑いの数を数えましょう』（講談社）など。

釈徹宗（しゃく・てっしゅう）
1961年生まれ。宗教学者、浄土真宗本願寺派如来寺住職、相愛大学人文学部教授、特定非営利活動法人リライフ代表。専攻は宗教思想・人間学。大阪府立大学大学院人間文化研究科比較文化専攻博士課程修了。その後、如来寺住職の傍ら、兵庫大学生涯福祉学部教授を経て、現職。著書に『お世話され上手』（ミシマ社）、『法然親鸞一遍』（新潮新書）、『落語に花咲く仏教——宗教と芸能は共振する』（朝日選書）など。

ドミニク・チェン
1981年、東京生まれ。フランス国籍。博士（学際情報学）。早稲田大学文学学術院准教授。研究領域はデジタル・ウェルビーイング、人工生命、発酵と進化。著書に『謎床：思考が発酵する編集術』（晶文社、松岡正剛との共著）、訳書に『ウェルビーイングの設計論：人がよりよく生きるための情報技術』（BNN新社）、『シンギュラリティ：人工知能から超知能へ』（NTT出版）など多数。

安田 登（やすだ・のぼる）

1956年千葉県銚子市生まれ。能楽師のワキ方として活躍するかたわら、甲骨文字、シュメール語、論語、聖書、短歌、俳句等々、古今東西の「身体知」を駆使し、さまざまな活動を行う。著書に『あわいの力〜「心の時代」の次を生きる』、コーヒーと一冊『イナンナの冥界下り』（以上、ミシマ社）、『異界を旅する能〜ワキという存在』（ちくま文庫）、『能〜650年続いた仕掛けとは』（新潮新書）、『身体感覚で「論語」を読みなおす。〜古代中国の文字から』（新潮文庫）など多数。

すごい論語

二〇一九年六月三日　初版第一刷発行

著者　安田 登
発行者　三島邦弘
発行所　（株）ミシマ社
郵便番号　一五二-〇〇三五
東京都目黒区自由が丘二-六-一三
電話　〇三（三七二四）五六一六
FAX　〇三（三七二四）五六一八
e-mail　hatena@mishimasha.com
URL　http://www.mishimasha.com
振替　〇〇一六〇-一-三七二九七六

ブックデザイン　尾原史和（BOOTLEG）

編集協力　萱原正嗣
印刷・製本　（株）シナノ
組版　（有）エヴリ・シンク

ISBN 978-4-909394-21-7

好評既刊

コーヒーと一冊

イナンナの冥界下り

安田登

紀元前3000年に生まれた原初の神話が現代によみがえる！

能楽師である著者が、古典中の古典「イナンナの冥界下り」を現代語訳、その隠された現代的意味を解説する。「心」の副作用から脱する次の時代のヒントがここに。

ISBN 978-4-903908-70-0
1000円（価格税別）

お世話され上手

釈徹宗

迷惑かけ合いながら生きましょ。

老いも認知症も、こわくない！　グループホーム「むつみ庵」を営み、お寺の住職かつ宗教研究者である著者が、「これからの救い」の物語を語る。

ISBN 978-4-903908-84-7
1600円（価格税別）